Die plausibelsten
Ausreden
für Männer

Die plausibelsten Ausreden für Männer

OTUS

Impressum

Lieferbare Titel aus dem Otus Verlag: www.otus.ch

Die Schreibweise entspricht den Regeln der neuen deutschen Rechtschreibung.

Redaktion: Redaktionsbüro Verena Asbeck, Bad Vilbel

Layout und Satz: PHOENIX publishing GmbH, München

Umschlaggestaltung: Eckhard Freytag, Tübingen

ISBN 978-3-905851-20-5

Inhaltsverzeichnis

Ausreden im Berufsleben

Ausreden im Privatleben

Ausreden im Straßenverkehr

Warum ich heute nicht ins Büro kommen kann

Meine Schwiegermutter fliegt heute zum Überwintern nach Gran Canaria. Da will ich ihr beim Packen helfen, damit sie schneller wegkommt.

♂♂♂

Bei mir wurde gestern Nacht eingebrochen. Ich muss jetzt aufs Revier und rechne damit, den ganzen Tag von der Polizei verhört zu werden.

♂♂♂

Unsere Waschmaschine ist kaputt. Weil meine Frau Karriere macht, muss ich auf den Kundendienst warten und es konnte mir bisher niemand einen genauen Termin geben.

♂♂♂

Ich habe gestern ganz vergessen zu sagen, dass ich heute auf eine Beerdigung muss.

♂♂♂

Da meine Frau heute zum Zahnarzt muss – Sie verstehen: Wurzelresektion! –, muss ich zu Hause bleiben und auf die Kinder aufpassen.

Warum ich heute nicht ins Büro kommen kann

Meine Schwiegermutter fliegt heute zum Überwintern nach Gran Canaria. Da will ich ihr beim Packen helfen, damit sie schneller wegkommt.

♂♂♂

Bei mir wurde gestern Nacht eingebrochen. Ich muss jetzt aufs Revier und rechne damit, den ganzen Tag von der Polizei verhört zu werden.

♂♂♂

Unsere Waschmaschine ist kaputt. Weil meine Frau Karriere macht, muss ich auf den Kundendienst warten und es konnte mir bisher niemand einen genauen Termin geben.

♂♂♂

Ich habe gestern ganz vergessen zu sagen, dass ich heute auf eine Beerdigung muss.

♂♂♂

Da meine Frau heute zum Zahnarzt muss – Sie verstehen: Wurzelresektion! –, muss ich zu Hause bleiben und auf die Kinder aufpassen.

Warum ich heute nicht ins Büro kommen kann

Meine Schwiegereltern im Osten feiern heute ihre goldene Hochzeit. Da müssen meine Frau und ich natürlich hin.

♂♂♂

Der Mieter über mir hatte einen Wasserrohrbruch, das Wasser ist durch die Decke gekommen und hat auch bei mir alles überschwemmt. Ich muss jetzt erst mal das Wasser in den Griff bekommen und auf den Versicherungsvertreter warten.

♂♂♂

Ich kann heute nicht kommen, laut meinem Horoskop stehen die Sterne ungünstig und ich bin abergläubisch.

♂♂♂

Anruf im Büro am späten Nachmittag: Ich bin heute früh in meiner Appartementanlage im Lift steckengeblieben. Eben erst war das Wartungsunternehmen da und hat mich und die anderen befreit. Es lohnt sich jetzt wirklich nicht mehr, noch ins Büro zu kommen.

Warum ich heute nicht ins Büro kommen kann

Wir bekamen heute früh ganz überraschend Besuch aus Übersee. Da muss ich schon aus purer Höflichkeit daheimbleiben.

♂♂♂

Anruf im Büro am späten Nachmittag: Gestern Nacht wurde der Boxkampf mit Klitschko im Fernsehen übertragen. Als sportinteressierter Mensch habe ich mir den angeschaut. Der Kampf dauerte bis fünf Uhr früh. Da war ich heute um sieben Uhr völlig außerstande aufzustehen und habe leider den ganzen Tag verschlafen.

♂♂♂

Meine Schwester heiratet heute und ich bin ihr Trauzeuge.

♂♂♂

Meine Eltern haben gestern Abend angerufen. Im Altersheim ist früher als angenommen eine Wohnung frei geworden, die sie jetzt ganz schnell beziehen müssen. Deshalb muss ich heute den alten Leuten bei den ganzen Formalitäten helfen.

Warum ich heute nicht ins Büro kommen kann

Ich habe gestern meine Frau mit einem anderen Mann gesehen. Ich habe jetzt so die Krise, dass ich nicht in der Lage bin, ins Büro zu gehen.

♂♂♂

Ich war übers Wochenende in London. Leider wurde der Rückflug gecancelt wegen der Schlechtwetterlage und es ging überhaupt kein Flug mehr nach Deutschland. Erst heute Nachmittag kann ich zurückfliegen.

♂♂♂

Wir waren am Wochende zu Besuch bei Freunden in Berlin. Durch das schlimme Unwetter, von dem Sie bestimmt im Radio gehört haben, konnten wir gestern nicht zurückfahren. Deshalb komme ich erst morgen.

♂♂♂

Wir sind über das Wochenende in die Berge gefahren. Wir können aber heute erst heimfahren, weil das gestern wegen des Schneechaos schlicht unmöglich war.

Warum ich heute nicht ins Büro kommen kann

Gestern Nacht war ja dieses fürchterliche Unwetter. Der Sturm hat in unserem Garten alles durcheinandergewirbelt und sogar das Dach zum Teil abgedeckt. Ich muss jetzt das Schlimmste beseitigen und mit den Handwerkern reden.

♂♂♂

Durch den schlimmen Regen gestern Nacht haben wir eine Überschwemmung im Keller.

♂♂♂

Durch den Eisregen war die Straße so glatt, dass ich heute früh beim Hinaustreten schon gleich vor dem Haus gestürzt bin. Dabei habe ich mich verletzt und muss jetzt liegen.

♂♂♂

Gestern Nacht hat es ja so stark geschneit und heute ganz früh kam der Winterdienst. Diese Dilletanten haben den Schnee so hoch auf die parkenden Autos geschoben, dass ich mein Auto nicht mehr finden kann.

♂♂♂

Mein Cabrio war offen und steht voll Wasser.

Warum ich heute nicht ins Büro kommen kann

Wegen des Schneechaos sind alle S-Bahnen und Regionalzüge ausgefallen. Da ich kein Auto habe, weiß ich wirklich nicht, wie ich heute vom Land in die Stadt ins Büro kommen soll.

♂♂♂

Heute Nacht hat der Blitz in meinen Computer eingeschlagen. Da ich an dem Gerät ja auch zu Hause fürs Büro arbeite, warte ich jetzt auf den Versicherungsvertreter, damit ich möglichst schnell einen neuen Computer bekomme.

♂♂♂

Meine Frau streikt seit Tagen und kocht nichts mehr für mich. Da bin ich heute so schwach vor Hunger, dass ich leider zu Hause bleiben muss.

♂♂♂

Ich habe heute schwere, panische Angstzustände.

♂♂♂

Ich habe durch den Pollenflug einen üblen Heuschnupfen.

Warum ich heute nicht ins Büro kommen kann

Von dem dauernden gebeugten Sitzen vor dem Computer tut mir seit gestern nach dem Büro der Rücken so weh, dass ich jetzt erst einmal zur Massage gehe. Wenn es mir danach besser geht, komme ich selbstverständlich noch ins Büro.

♂♂♂

Ich war gestern Abend im Fischrestaurant. Heute geht es mir so schlecht, dass ich unmöglich ins Büro kommen kann. Das ist ganz sicher eine Fischvergiftung und es kann länger dauern!

♂♂♂

Meine Frau musste den Kühlschrank abtauen und hat gestern Abend ein Resteessen veranstaltet. Da musste ich so viel in mich hineinstopfen, dass es mir jetzt speiübel ist.

♂♂♂

Meine Frau wurde heute Nacht vom Notarzt ins Krankenhaus eingewiesen. Ich kann heute nicht kommen, weil ich sie besuchen und von den Ärzten erfahren muss, was genau ihr fehlt.

Warum ich heute nicht ins Büro kommen kann

Der Zustand meiner kranken Mutter hat sich ganz plötzlich sehr verschlechtert. Mein Vater hat mich angerufen und mich gebeten, sofort nach Hause zu fahren.

♂♂♂

Heute sind bei uns in der Familie alle krank. Meine Frau, meine Kinder und ich natürlich auch. Uns hat so eine Art Epidemie erwischt. Ich bleibe heute daheim, weil ich im Büro niemanden anstecken will.

♂♂♂

Ich habe mich erkältet und niese andauernd. Bis geklärt ist, dass es sich nicht um die Schweinegrippe handelt, bleibe ich zu Hause.

♂♂♂

Meine Schwester hatte einen Unfall.
Da nur ich aufgrund der gleichen Blutgruppe
als Spender in Frage komme,
muss ich sofort ins Krankenhaus und ihr Blut spenden.

♂♂♂

Vom vielen Denken tut mir mein Hirn weh.
Das kann den ganzen Tag dauern, bis es vorbei ist.

Warum ich heute nicht ins Büro kommen kann

Ich glaube, ich habe es mit dem Sport im Fitness-Center übertrieben. Ich habe heute solchen Muskelkater, dass ich die Arme und Beine nicht mehr bewegen kann.

♂♂♂

Ich habe gestern Abend die Äpfel in unserem Obstgarten geerntet. Dabei bin ich von der Leiter gefallen und habe mir so wehgetan, dass ich heute unmöglich ins Büro kommen kann.

♂♂♂

Ich habe gestern mit dem Junior im Sandkasten gespielt. Beim ruckartigen Aufstehen habe ich einen Hexenschuss bekommen und kann mich jetzt nicht mehr bewegen.

♂♂♂

Ich habe mir gestern auf der Geburtstagsfeier meiner Mutter den Magen verdorben. Wie immer konnte ich den leckeren Torten nicht widerstehen und habe wohl zu viel Buttercreme gegessen.

♂♂♂

Ich leide unter Sehstörungen und sehe alles nur verschwommen.

Warum ich heute nicht ins Büro kommen kann

Ich war gestern Abend auf einer Grillparty. Da gab es Nudelsalat und der war wohl schlecht. Jedenfalls habe ich mich die ganze Nacht übergeben und kann daher heute nicht ins Büro kommen.

♂♂♂

Ich fühlte mich gestern Nacht so schlecht, dass ich versucht habe, meine Darmbeschwerden mit einem alten Hausmittel in den Griff zu bekommen. Der Schuss ist aber buchstäblich nach hinten losgegangen. Ich komme jetzt gar nicht mehr von der Toilette herunter. Sie werden verstehen, dass ich nicht ins Büro kommen kann. Schon allein aus ästhetischen Gründen!

♂♂♂

Das Geschäftsessen gestern beim Italiener ist mir nicht bekommen. Die Spaghetti arrabiata waren so scharf, dass ich mir offensichtlich eine Magenverstimmung geholt habe. Und der viele Grappa, den ich auf Wunsch des Kunden trinken musste, hat die ganze Sache nur noch verschlimmert.

♂♂♂

Ich habe dicke Mandeln und Fieber. Es ist besser, ich bleibe heute zu Hause und kuriere mich aus.

Warum ich heute nicht ins Büro kommen kann

Ich habe eine Furunkulitis am Gesäß.
Da kann ich nicht sitzen, sondern nur liegen.
Und das kann man ja nur zu Hause.

♂♂♂

Ich kann heute unmöglich aus dem Haus gehen,
ich habe eine Allergie, die auch noch nässend juckt.

♂♂♂

Ich war gestern im Pop-Konzert. Da stand ich direkt
neben einem Lautsprecher. Davon habe ich heute solche
Ohrenschmerzen und Hörstörungen,
dass ich zu Hause bleiben muss.

♂♂♂

Mir hat in der Nacht eine Stechmücke ins Oberlid
gestochen. Das ist jetzt so angeschwollen,
dass ich das Auge nicht mehr öffnen kann.

♂♂♂

Ich habe schwere Kreislaufstörungen und kann nicht
aufstehen, weil es mir dann sofort schwindelig wird.

Warum ich heute nicht ins Büro kommen kann

Ich hatte gestern Nacht schlimme Bauchschmerzen und der Notarzt hat mich in die Klinik eingewiesen. Der Verdacht auf Blinddarm wurde nicht bestätigt, ich durfte wieder nach Hause, muss aber heute noch Bettruhe halten.

♂♂♂

Ich habe mir gestern beim langen Warten auf den Bus die Blase verkühlt. Ich habe solche Schmerzen beim Wasserlassen, dass ich lieber im Bett bleibe. Morgen komme ich etwas später, weil ich einen Termin beim Urologen habe.

♂♂♂

Wir waren gestern zum Krabbenessen eingeladen. Ich habe zu viel davon gegessen, denn heute habe ich einen Eiweißschock und muss zu Hause bleiben.

♂♂♂

Ich habe mich heute früh beim Schneeschieben übernommen und leide jetzt unter solchen Rückenschmerzen, dass ich mich kaum noch bewegen kann.

Warum ich heute nicht ins Büro kommen kann

Ich habe einen eingewachsenen Zehnagel und das Fleisch um den Nagel hat sich entzündet. Ich kann nicht mehr auftreten und muss jetzt erst einmal zum Hautarzt. Und danach wahrscheinlich auch noch zur Pediküre.

♂♂♂

Ich hatte heute Nacht ganz schlimme Zahnschmerzen und eine dicke Backe. Ich komme gerade vom Zahnarzt, mir wurde ein Backenzahn gezogen. Die Wundschmerzen sind so schlimm, dass ich mich heute hinlegen muss.

♂♂♂

Ich habe mich gestern verkühlt und bin dermaßen erkältet, dass ich keinen Ton mehr herausbekomme. Wenn es heute nicht besser wird, gehe ich morgen zum Arzt. (Unbedingt ins Telefon flüstern!)

♂♂♂

Ich habe ein riesiges Gerstenkorn am Auge und muss das mehrmals täglich mit einer Kamillenlösung spülen.

Warum ich heute nicht ins Büro kommen kann

Ich habe wegen meines Bandscheibenvorfalls zu viele Schmerztabletten genommen und das hat mein Magen nicht verkraftet. Mir geht es jetzt so schlecht, dass ich nur noch Haferschleimsuppe essen kann und liegen muss.

♂♂♂

Der Lattenrost in meinem Bett ist gestern bei meinen nächtlichen Aktivitäten zusammengebrochen und ich bin so unsanft auf dem Fußboden gelandet, dass ich mir das Steißbein verletzt habe.

♂♂♂

Ich bin heute Nacht versehentlich gegen die Badezimmertür gerannt und habe jetzt ein geschwollenes Auge. Ich kann heute unmöglich ins Büro kommen und am Computer arbeiten, ich sehe mit dem Auge fast gar nichts. Wenn es nicht besser wird, muss ich zum Augenarzt.

♂♂♂

Ich bin beim Duschen in der Wanne ausgerutscht und so schlimm gefallen, dass ich kaum laufen kann.

Warum ich heute nicht ins Büro kommen kann

Ich habe mich beim Nassrasieren so tief geschnitten, dass ich in Ohnmacht gefallen bin, weil ich kein Blut sehen kann. Beim Fallen bin ich mit dem Kopf auf die Kloschüssel geknallt und habe jetzt solche Kopfschmerzen, dass ich nicht mehr klar denken kann.

♂♂♂

Ich bin heute Nacht aus dem Bett gefallen und habe mir dabei den Arm verrenkt.

♂♂♂

Ich bin gestern mit meinem Cabrio offen gefahren und habe mir den Hals verkühlt. Jetzt habe ich einen steifen Hals und kann den Kopf nicht mehr drehen.

♂♂♂

Ich habe heute einen ganz schlimmen neurodermitischen Anfall. Den Anblick dieses Ekzems kann ich den Kollegen und Kolleginnen nicht zumuten, zumal ich mich dauernd kratzen muss.

♂♂♂

Ich bin so erkältet, dass ich ganz sprachlos bin.

Warum ich heute nicht ins Büro kommen kann

Mein Reitpferd hat vorgestern ausgeschlagen und mich in den Unterleib getreten. Das hat so wehgetan, dass ich heute nicht in der Lage bin, aus dem Bett aufzustehen.

♂♂♂

Ich bin gestern beim Reiten vom Pferd gefallen. Heute muss ich ins Krankenhaus zum Röntgen.

♂♂♂

Mein Reitstall hat mich eben angerufen. Mein Pferd hatte eine Gallenkolik und muss in die Tierklinik. Es ist leider erforderlich, dass ich mitfahre.

♂♂♂

Ich habe mich gestern im Fitness-Studio überdehnt. Jetzt kann ich mich nur noch sehr eingeschränkt bewegen.

♂♂♂

Im Fitness-Studio habe ich mir gestern nach dem Büro auf dem Stepper das Knie ausgeleiert. Jetzt muss ich erst einmal zum Sportarzt.

Warum ich heute nicht ins Büro kommen kann

Mir ist gestern beim Kegeln die Kugel auf den Fuß gefallen. Der ist jetzt so geschwollen, dass ich nicht mehr gehen kann.

♂♂♂

Gestern beim Tennis habe ich mir beim Aufschlag eine Zerrung geholt.

♂♂♂

Ich bin gestern beim Tennismatch ausgerutscht und brutal auf die Kniescheibe gefallen. Die Wunde ist jetzt voll mit den braunen Sandkörnchen und muss ärztlich behandelt werden.

♂♂♂

Ich habe einen Tennisarm, der jetzt bandagiert ist und wenigstens einen Tag ruhig gestellt werden muss.

♂♂♂

Ich war gestern zum Trainieren in der Tennishalle an der Ballmaschine. Da ist mir ein Ball gegen den Kopf geflogen und hat mich matt gesetzt. Heute habe ich schlimme Kopfschmerzen.

Warum ich heute nicht ins Büro kommen kann

Gestern beim Vereins-Volleyball hat mich ein Sportskamerad beim Baggern an der Lippe getroffen; die ist dann aufgeplatzt, hat stark geblutet und ist heute so schlimm geschwollen, dass ich kaum sprechen kann. (Unbedingt am Telefon nuscheln!)

♂♂♂

Ich muss mir gestern im Schwimmbad eine Blasenentzündung geholt haben.

♂♂♂

Ich habe gestern meine Schwimmbrille vergessen, bin aber trotzdem geschwommen, weil ich meinen Verein nicht im Stich lassen wollte. Da ich aber allergisch auf Chlorwasser reagiere, sind meine Augen heute knallrot und die Lider geschwollen, dass ich dauernd Borwasserspülungen machen muss, damit ich überhaupt etwas sehen kann.

♂♂♂

Ich habe mir gestern im Freibad einen so schlimmen Sonnenbrand geholt, dass ich keine Textilien auf dem Körper ertragen kann. Und nackt wollen Sie mich sicher nicht im Büro sehen, oder?

Warum ich heute nicht ins Büro kommen kann

Ich bin gestern auf dem glitschigen Schwimmbeckenrand ausgerutscht und habe mir eine Rippe geprellt. Ich leide heute unter extremen Schmerzen beim Atmen.

♂♂♂

Mein Hund ist vorhin ausgebüxt, weil eine Hündin in der Nachbarschaft heiß ist. Ich muss den Hund jetzt suchen. Sollte ich ihn heute finden, komme ich auf jeden Fall noch ins Büro.

♂♂♂

Mein Hund hat seit heute Nacht ganz schlimmen Durchfall. Ich muss mit ihm sofort zum Tierarzt.

♂♂♂

Mein Hund hat sich einen Splitter in die Pfote getreten. Da ich den selbst nicht entfernen kann, muss ich mit dem Hund zum Tierarzt.

♂♂♂

Meine Katze hat heute Nacht acht Junge gekriegt. Ich muss erst einmal eruieren, was gemacht werden muss, bevor ich ins Büro komme.

Warum ich heute nicht ins Büro kommen kann

Mein alter Hund wurde gestern eingeschläfert. Das war für mich so furchtbar, dass ich die ganze Nacht getrauert habe und jetzt fühle ich mich auch noch nicht in der Lage, ins Büro zu gehen.

♂♂♂

Mein Hund ist vorhin gegen meine Glastür gerannt und hat sich schwer am Kopf verletzt. Die Kopfwunde muss genäht werden. Ich muss also heute zum Tierarzt.

♂♂♂

Unsere Katze ist auf das Nachbardach gelaufen und dort in den Kamin gefallen. Der Nachbar hat das Miauen im Kamin gehört, hat mich vor zwei Stunden angerufen und in sein Haus bestellt. Da habe ich dann die Katze gerettet. Nun bin ich überall schwarz vom Ruß und habe wohl eine leichte Rauchvergiftung, weil ich andauernd husten muss.

♂♂♂

Jemand hat einen Giftanschlag auf meine Katze verübt. Ich muss sie in die 200 Kilometer entfernte Tierklinik nach Gießen bringen!

Warum ich zu spät ins Büro komme

Sorry, wir hatten heute Nacht Stromausfall, deshalb hat mein Wecker nicht geklingelt.

♂♂♂

Heute Nacht war ja das schlimme Gewitter. Da muss ein Blitz bei uns eingeschlagen haben, der Wecker funktioniert jedenfalls nicht mehr.

♂♂♂

Ich hatte Streit mit meiner Frau. Aus Rache hat sie mir den Wecker weggenommen.

♂♂♂

Ich besitze keinen Wecker, weil ich immer aufwache, wenn es hell wird. Heute wurde es später hell.

♂♂♂

Ich habe gestern Abend vergessen, den Wecker zu stellen.

♂♂♂

Ich habe leider keinen Radiowecker, sondern noch so ein altes Ding. Naja, und ich habe vergessen, den Wecker aufzuziehen. Da ist er in der Nacht stehengeblieben.

Warum ich zu spät ins Büro komme

Mein Wecker ist heute Nacht stehengeblieben,
die Batterien waren alle.

♂♂♂

Tut mir leid, aber mein Wecker hat heute Morgen nicht geklingelt, obwohl ich ihn gestellt hatte.

♂♂♂

Ich habe heute Nacht sehr unruhig geschlafen. Da muss ich, während ich schlief, versehentlich mit dem Bein das Kabel aus dem Radiowecker gezogen haben.

♂♂♂

Meine Frau ist wohl gestern beim Putzen an den Wecker gekommen und hat die Weckzeit versehentlich umgestellt.

♂♂♂

Ich habe vergessen,
die Uhr auf Sommerzeit umzustellen.

♂♂♂

Ich habe gestern den telefonischen Weckdienst beauftragt, aber der hat heute früh viel zu spät angerufen.

Warum ich zu spät ins Büro komme

Meine Frau hat heute Nacht so laut und andauernd fantasiert, dass ich mir Ohrstöpsel in die Ohren stecken musste. Und heute Morgen habe ich dann den Wecker nicht gehört und verschlafen.

♂♂♂

Gestern Abend habe ich zusammen mit meiner Frau noch Kaffee getrunken. Meine Frau hat aber aus Versehen den koffeinhaltigen Kaffee genommen. Das hat mich so wach gemacht, dass ich die ganze Nacht nicht schlafen konnte. Und als ich dann endlich weggedöst war, habe ich den Wecker nicht gehört.

♂♂♂

Meine Frau weckt mich morgens.
Und heute hat sie schon wieder verschlafen!

♂♂♂

Meine Frau ist heute früh nicht aufgestanden.
Da dachte ich, es ist Sonntag.

♂♂♂

Unser Baby hat die ganze Nacht geschrien
und ich konnte nicht schlafen.

Warum ich zu spät ins Büro komme

Meiner Frau war es heute früh schlecht. Da musste ich das Frühstück für die ganze Familie machen und auch alle Schulbrote schmieren.

♂♂♂

Ich musste meiner kleinen Tochter heute früh das Fläschchen machen, weil meine Frau zu müde dazu war.

♂♂♂

Heute stand viel mehr in der Zeitung drin als sonst.

♂♂♂

Meine Frau fühlt sich nicht wohl. Ich habe heute Morgen den Hausarzt kommen lassen. Bis der weg war, bin ich selbstverständlich bei meiner Frau geblieben.

♂♂♂

Meine Frau hatte heute früh eine ambulante Operation. Da musste ich sie hinbringen und auch wieder heimfahren.

♂♂♂

Meine Schwiegermutter lebt bei uns. Ich musste ihr beim Aufstehen behilflich sein.

Warum ich zu spät ins Büro komme

Meine Tochter hat heute Geburtstag; da haben meine Frau und ich natürlich heute früh die Kleine erst einmal beschenkt, bevor ich ins Büro gegangen bin.

♂♂♂

Meine Schwiegermutter wollte heute mit dem Frühzug verreisen und ich sollte sie zum Bahnhof bringen. Der Zug hatte natürlich wieder einmal Verspätung und ich konnte doch die alte Frau unmöglich mit dem ganzen Gepäck auf dem Bahnsteig allein lassen. Also musste ich warten, bis der Zug endlich kam.

♂♂♂

Ich hatte kein gebügeltes Hemd mehr, was mir leider erst heute früh aufgefallen ist. Da musste ich erst mal das Bügeleisen schwingen.

♂♂♂

Bei uns in der Straße wurde heute früh das Wasser abgestellt. Ich musste zwei Stunden warten, bis das Wasser wieder da war und ich endlich ins Bad konnte.

♂♂♂

Ich habe im Bad meine Kontaktlinse verloren.
Die musste ich erst suchen.

Warum ich zu spät ins Büro komme

Ich habe heute Morgen meine Brille zunächst nicht gefunden und ohne die brauche ich gar nicht erst loszugehen.

♂♂♂

Ich wusste nicht, welche Krawatte ich zu dem Sakko umbinden soll. Da das Meeting mit dem Kunden heute Nachmittag so wichtig ist, wollte ich besonders sorgfältig angezogen sein. Dabei habe ich mich vertrödelt.

♂♂♂

Meine Frau hatte mir nichts zum Anziehen rausgelegt, da musste ich mir meinen Bürodress selbst zusammenstellen.

♂♂♂

Ich hatte meine Monatskarte verlegt.

♂♂♂

Ich musste heute Morgen Schnee schieben.

♂♂♂

Ich habe meinen Aktenkoffer gestern in der S-Bahn vergessen. Da musste ich heute früh erst noch zum Fundbüro.

Warum ich zu spät ins Büro komme

Ich bin heute früh mit dem Lift steckengeblieben.

♂♂♂

Ich musste noch mal nach Hause zurück, weil ich die Unterlagen für das Meeting auf dem Schreibtisch habe liegenlassen.

♂♂♂

An meiner Jacke fehlten ein paar Knöpfe. Die musste mir meine Frau erst annähen.

♂♂♂

Der Reißverschluss in meiner einzigen Hose war kaputt. Da musste meine Frau erst los, einen Reißverschluss kaufen und dann musste sie ihn mir noch einnähen, das hat alles ziemlich lange gedauert.

♂♂♂

Ich fahre ja morgens immer in einer Fahrgemeinschaft mit. Heute kommen wir alle zu spät, weil einer aus der Fahrgemeinschaft verschlafen hatte.

♂♂♂

Ich kam in eine Marktforschungsumfrage.

Warum ich zu spät ins Büro komme

Ich wollte mir noch etwas zum Frühstück kaufen, aber der Laden war so voll und ich musste warten.

♂♂♂

Ich wurde in der Eingangshalle von einem Kollegen aufgehalten.

♂♂♂

Meine Frau musste zur Arbeit und die Putzfrau war noch immer nicht da. Weil die keinen Schlüssel hat, musste ich zu Hause warten, bis sie dann endlich gekommen ist.

♂♂♂

Wir haben die Maler und da geht alles drunter und drüber. Ich konnte meine Frau in dem Chaos nicht alleinlassen.

♂♂♂

Ich dachte, ich hätte zu Hause den Computer angelassen. Da bin ich noch mal zurück, um ihn auszumachen. Er war aber doch nicht an.

♂♂♂

Ich war schon fast da, da fiel mir auf, dass ich die Aktentasche beim Bäcker stehen gelassen habe.

Warum ich zu spät ins Büro komme

Wir hatten einen Wasserrohrbruch im Keller und ich musste alle Möbel aus dem Keller räumen, damit die nicht aufquellen.

♂♂♂

Unser Baby musste gewickelt werden und es waren keine Windeln mehr da. Da hat mich meine Frau losgeschickt, welche zu kaufen.

♂♂♂

Ich war schon an der Tür, da kam ein wichtiger Anruf.

♂♂♂

Ich habe für das heutige Meeting daheim noch ein paar Infos aus dem Internet geholt. Da bin ich auf so interessantes Material gestoßen, dass ich die Zeit vergessen habe.

♂♂♂

Heute früh um kurz nach acht rief die Klassenlehrerin meines Sohnes an und bat darum, dass ich dringend in die Schule komme, weil mein Filius sich ungebührlich benommen hat und ich als Vater ein Machtwort sprechen muss.

Warum ich zu spät ins Büro komme

Heute früh rief die Klassenlehrerin meiner Tochter an und sagte mir, dass meine Julia schon seit einer Woche nicht mehr in die Schule kommt. So erfuhr ich, dass die Kleine schwänzt. Ich bin dann herumgefahren, habe sie gesucht, in einem Bistro entdeckt und habe sie sofort zur Schule gefahren.

♂♂♂

Unsere Tochter wurde auf dem Schulweg von Schulkameraden belästigt. Ich war schon auf dem Weg ins Büro, als sie mich per Handy verständigt hat. Ich bin ihr sofort zu Hilfe geeilt.

♂♂♂

Ich habe mir beim Brotschneiden so tief in den Finger geschnitten, dass ich das Blut erst einmal stillen und dann einen Verband anlegen musste. (Unbedingt mit Verband ins Büro gehen!)

♂♂♂

Ich habe das Abendessen nicht vertragen und mich die ganze Nacht übergeben. Danach war ich so erschöpft, dass ich verschlafen habe.

♂♂♂

Wegen meiner Wetterfühligkeit hatte ich mit dem Aufstehen größere Schwierigkeiten.

Warum ich zu spät ins Büro komme

Ich habe mich heute Nacht verlegen und musste Streckübungen machen, um meine Schmerzen in der Schulter loszuwerden.

♂♂♂

Ich hatte die ganze Nacht über starke Zahnschmerzen und bin deshalb heute früh erst mal zum Zahnarzt.

♂♂♂

Ich habe gestern vergessen zu sagen, dass ich heute früh einen Massagetermin hatte.

♂♂♂

Ich hatte heute früh einen Arzttermin,
den ich beinahe versäumt hätte,
wenn mich meine Frau nicht erinnert hätte.

♂♂♂

Ich hatte den heutigen Arzttermin nicht im Büro im Terminplaner eingetragen, sondern nur daheim auf einen Zettel.

♂♂♂

Meine Frau ist schwanger. Da es ihr heute nicht gut ging, habe ich sie zum Frauenarzt gebracht.

Warum ich zu spät ins Büro komme

Ich hatte heute früh nach dem Aufstehen wahnsinnige Kopfschmerzen. Ich habe zwei Thomapyrin genommen und den Kopf so lange gekühlt, bis der Schmerz vorbei war.

♂♂♂

Ich habe neue Kontaktlinsen bekommen, die vertrage ich nicht so richtig. Heute früh konnte ich die Dinger einfach nicht platzieren. Da bin ich zum Optiker und habe ihm die Linsen zur Überprüfung gebracht.

♂♂♂

Ich musste mich wegen starker Kreislaufbeschwerden noch einmal hinlegen.

♂♂♂

Wegen meiner Nackenverspannungen bekomme ich jeden Morgen Rotlicht. Heute früh war die erste Behandlung.

♂♂♂

Mir war es heute früh seit dem Frühstück so sonderbar übel.

Warum ich zu spät ins Büro komme

Mich hat eine Zecke gebissen. Ich musste heute früh zum Arzt, um sie entfernen zu lassen. Jetzt ist das Bein aber geschwollen und ich lasse doch noch einen Borreliose-Test machen.

♂♂♂

Für Alleinerziehende: Mein Sohn hat sich den Arm verstaucht. Ich musste mit ihm zum Arzt.

♂♂♂

Für Alleinerziehende: Das Piercing meiner Tochter hat sich entzündet. Ich musste mit ihr zum Hausarzt.

♂♂♂

Für Alleinerziehende: Meine Tochter ist krank und muss im Bett bleiben. Ich musste vor der Arbeit meine Mutter holen, damit sie den Tag über auf die Kleine aufpasst, sonst hätte ich gar nicht ins Büro kommen können.

♂♂♂

Eine der Echsen meines Sohnes ist in der Nacht aus dem Terrarium ausgebüxt und war heute früh unauffindbar. Das hat zwei Stunden gedauert, bis wir sie hinter dem Wohnzimmerschrank hervorgelockt hatten.

Warum ich zu spät ins Büro komme

Mein Hund hat die Nachbarskatze gejagt und dann ist die Ärmste voller Schreck ganz hoch in einen Baum geklettert. Damit es keinen Ärger mit dem Nachbarn gibt, musste ich in den Baum steigen und das Tier befreien.

♂♂♂

Die Nachbarskatze ist rollig und hat die ganze Nacht derart geschrien, dass ich nicht schlafen konnte. Deshalb habe ich heute früh verschlafen.

♂♂♂

Meine Hündin hat in der Nacht Junge bekommen. Ich musste die Jungen heute früh erst versorgen.

♂♂♂

Beim Käfig saubermachen ist mein Wellensittich durchs Fenster abgehauen und hat sich in der Dachrinne des Nachbarhauses versteckt. Da musste ich die Feuerwehr holen und warten, bis der Vogel eingefangen war.

♂♂♂

Mein kleiner Hund hat das Kabel von meinem Radiowecker zernagt, deshalb habe ich verschlafen.

Warum ich zu spät ins Büro komme

Meine Pythonschlange ist heute früh im Sonnenschein auf den Balkon der Nachbarin gekrochen und hat sich dort in der Sonne geaalt. Die Nachbarin ist furchtbar erschrocken und hat die Polizei gerufen. Da musste ich so lange daheimbleiben, bis das Tier wieder eingefangen war.

♂♂♂

Mich hat gestern ein Hund gebissen. Die Wunde ist zwar nicht schlimm, ich bin aber heute früh vorsichtshalber zum Hausarzt wegen der Tollwutgefahr. Man weiß ja nie.

♂♂♂

Unser Hund hat einen Tischtennisball verschluckt. Da sind wir mit ihm ganz schnell zum Tierarzt gefahren.

♂♂♂

Meine Katze hat Durchfall und es nicht mehr auf das Katzenklo geschafft. Mein sündhaft teurer, beiger Designer-Teppichboden war völlig verunreinigt; ich konnte die Schweinerei ja nicht lassen, bis ich aus dem Büro komme, und musste das erst mal beseitigen.

Warum ich zu spät ins Büro komme

Das Zwergkaninchen meiner Tochter ist aus unerfindlichen Gründen in den Wäschetrockner geraten und darin zu Tode gekommen. Meine Frau und ich haben das heute früh bemerkt, haben erst einmal die Tierleiche beseitigt und dann bin ich in die Zoohandlung gefahren, um ein gleich aussehendes Kaninchen zu kaufen, damit meine Tochter den Verlust nicht bemerkt, denn den hätte sie nicht so leicht verkraftet.

♂♂♂

Wir hatten eine Maus in der Küche. Die musste ich erst einfangen, weil meine Frau und meine beiden Töchter sonst nicht vom Küchentisch heruntergekommen wären.

♂♂♂

Der Hamster meines Sohnes ist die ganze Nacht in seinem Rädchen gelaufen. Das hat so schlimm gequietscht, dass ich erst in den frühen Morgenstunden einschlafen konnte und dann halt zu spät aufgewacht bin.

♂♂♂

Meine Tochter hat den Schulbus verpasst und ich musste sie in die Schule bringen.

Warum ich zu spät ins Büro komme

Ich habe den Autoschlüssel nicht finden können.
Da musste ich den Bus nehmen.

♂♂♂

Weil mein Auto nicht ansprang, hatte ich mir ein Taxi bestellt. Das Taxi kam aber nicht zum vereinbarten Zeitpunkt. Da habe ich mich entschlossen, zu laufen.

♂♂♂

Bei meinem Auto ist der Anlasser kaputt.

♂♂♂

In der Stadt war eine Demo. Der Verkehr wurde umgeleitet und daher habe ich so lange gebraucht.

♂♂♂

Mein Auto ist mitten auf der Straße stehen geblieben.
Ich musste es abschleppen lassen
und mit dem Bus ins Büro fahren.

♂♂♂

Bei meinem Auto ist mitten auf der Straße der Auspuff abgefallen. Den musste ich erst richten lassen, bevor ich weiter ins Büro fahren konnte.

Warum ich zu spät ins Büro komme

Ich hatte heute früh einen Schaden am Auto.

♂♂♂

Ich hatte heute früh mit meinem Auto einen Gutachtertermin wegen eines Unfallschadens, deshalb konnte ich nicht früher im Büro sein.

♂♂♂

Mein Auto ist gestern nicht rechtzeitig in der Werkstatt fertig geworden. Deshalb konnte ich es erst heute früh abholen.

♂♂♂

Ich war heute früh Zeuge eines Autounfalls. Da musste ich erst einmal meine Aussage machen.

♂♂♂

Ich bin heute früh in eine Polizeikontrolle gekommen und hatte die Wagenpapiere nicht dabei.

♂♂♂

Das Schloss vom Garagentor war eingefroren.

Warum ich zu spät ins Büro komme

Mein Wagen hatte einen Platten.
Da musste ich erst einmal den Reifen wechseln.

♂♂♂

Der Garagenöffner funktionierte nicht.

♂♂♂

Unser Nachbar hat sein Wohnmobil so blöd vor unserer Garage geparkt, dass ich nicht rausfahren konnte. Es hat ziemlich lange gedauert, bis ich ihn wachgeklingelt und er das Ding weggefahren hatte.
Deshalb habe ich mich auch so sehr verspätet.

♂♂♂

Ein Marder hat heute Nacht ein Kabel in meinem Auto durchgebissen. Das sprang nicht an und es musste erst jemand von der Werkstatt kommen.

♂♂♂

Es war ja heute früh sehr glatt auf den Straßen, deshalb konnte ich nur ganz langsam fahren.

♂♂♂

Meine Frau hat mich heute ins Büro gefahren. Unterwegs sind wir mitten im Berufsverkehr in eine Demo gekommen. Da ging nichts mehr vor und nichts mehr zurück.

Warum ich zu spät ins Büro komme

Die Autobatterie war leer. Da musste erst der Nachbar kommen und mir Starthilfe geben.

♂♂♂

Ich fahre einen Diesel und weil es so kalt ist, hatte ich Wasser im Filter. Da musste mich der ADAC zur Werkstatt abschleppen. Ich habe mir einen Leihwagen genommen, sonst wäre ich noch viel später gekommen.

♂♂♂

Ich hatte einen kleinen Unfall.

♂♂♂

Gestern Abend oder heute Nacht hat mir jemand das Fahrrad geklaut, obwohl es abgeschlossen und angekettet war, und ich musste laufen.

♂♂♂

Die Sonne hat mich so geblendet, dass ich in den falschen Bus gestiegen bin.

♂♂♂

Der Bus hatte Verspätung und ich habe die Anschluss-S-Bahn verpasst.

Warum ich zu spät ins Büro komme

Ich bin im Bus eingeschlafen
und habe den Ausstieg verpasst.

♂♂♂

Heute ist Müllabfuhr und der Bus
musste hinter dem Müllauto herfahren.

♂♂♂

Die Bahn ist ausgefallen.

♂♂♂

Der Bus hatte einen Motorschaden,
wir mussten auf den nächsten Bus warten.

♂♂♂

Ich hatte die falsche Jacke an
und mein Fahrausweis war in der anderen.

♂♂♂

Der Bus war überfüllt, ich kam nicht mehr mit und
musste auf den nächsten Bus warten.

♂♂♂

In der U-Bahn hat einer randaliert.
Da hat der Wagenführer die Polizei geholt.

Warum ich zu spät ins Büro komme

In der U-Bahn hat eine Skinhead-Bande von außen die Scheiben eingeschlagen. Alle Fahrgäste mussten aussteigen und die Bahn wurde ins Depot zur Reparatur gebracht. Wir mussten fast eine Stunde warten, bis ein neuer Zug eingesetzt wurde.

♂♂♂

Irgendwelche Studenten haben heute früh demonstriert und sich auf die Straßenbahngleise gesetzt. Da konnte die Bahn natürlich nicht fahren!

♂♂♂

Auf der Zufahrtstraße war eine Ölspur. Weil überall Feuerwehrautos standen, kam der Bus nicht durch.

♂♂♂

Wir saßen über eine Stunde in der U-Bahn fest. Die Stromleitung hatte eine Störung.

♂♂♂

Ich hatte völlig vergessen, dass ein neuer Fahrplan in Kraft getreten ist. Die Bahn, die ich sonst wie gewohnt nehme, war schon seit fünf Minuten weg.

Warum ich zu spät ins Büro komme

Vor unserem Bus ist die ganze Zeit eine Schwertransport-Kolonne gefahren, die nicht überholt werden konnte.

♂♂♂

Die Regionalbahn kam heute mit einstündiger Verspätung. Es soll sich schon wieder ein Selbstmörder auf die Schienen geworfen haben.

♂♂♂

Ich bin heute extra eine andere Strecke gefahren, weil ich dachte, sie sei kürzer und ich wäre schneller im Büro. Tja, da habe ich mich offensichtlich getäuscht!

♂♂♂

Meine Armbanduhr ist stehen geblieben, was ich erst bemerkte, als die Uhr am Bahnhof eine ganz andere Zeit anzeigte.

♂♂♂

Ich wollte heute früh mein neues Auto abholen, aber es war noch nicht da. Da musste ich dann schon wieder auf öffentliche Verkehrsmittel zurückgreifen und wie unzuverlässig die sind, brauche ich Ihnen ja nicht zu erzählen.

Warum ich früher von der Arbeit nach Hause muss

Ich muss mein Auto von der Werkstatt abholen.

♂♂♂

Ich habe einen Termin bei der Zulassungsstelle.

♂♂♂

Ich muss die Winter(Sommer-)reifen aufziehen lassen. Der früheste Termin, den ich bekommen konnte, ist heute um 17 Uhr.

♂♂♂

Mein Auto hat heute Nachmittag den TÜV-Termin.

♂♂♂

Ich muss morgen meine Steuererklärung beim Finanzamt abgeben und habe da noch eine ganze Reihe von Dingen einzuarbeiten.

♂♂♂

Mein Kegelclub macht heute seinen Jahresausflug. Der Bus geht schon um 16 Uhr. Ich muss mich sputen, dass ich da noch pünktlich komme.

Warum ich früher von der Arbeit nach Hause muss

Wir haben heute Sitzung im Tennisverein. Da ich der Protokollführer bin, muss ich pünktlich da sein.

♂♂♂

Meine Skatfreunde treffen sich heute bei mir. Da muss ich noch einkaufen gehen und Schnittchen machen.

♂♂♂

Ich bin Mitglied im Karnevalsverein. Wir haben heute Probe und ich muss noch den Text für meine Büttenrede üben.

♂♂♂

Mein VHS-Kurs „Business-English" beginnt heute ausnahmsweise mal früher.

♂♂♂

Ich verlobe mich heute im Kreis der Familie.

♂♂♂

Meine Tochter hat heute Nachmittag eine Theater-Schulaufführung. Sie spielt die Hauptrolle. Da kann ich nicht wegbleiben, sonst wäre das Kind zu enttäuscht.

Warum ich früher von der Arbeit nach Hause muss

Ich muss meinen Sohn heute Nachmittag zum Karate-Unterricht bringen.

♂♂♂

Mein Sohn hat heute Nachmittag ein wichtiges Fußballspiel. Da muss ich anwesend sein.

♂♂♂

Die Schulleitung hat mich wegen meines Sohnes heute Nachmittag einbestellt.

♂♂♂

Mein Sohn schreibt morgen eine für die Versetzung wichtige Arbeit. Ich muss mit ihm die Aufgaben gründlich durchgehen und mit ihm üben.

♂♂♂

Ich muss einen dringenden Krankenbesuch machen.

♂♂♂

Ich konnte heute Nachmittag noch kurzfristig einen Termin beim Arzt (Anwalt, Masseur etc.) bekommen.

Warum ich früher von der Arbeit nach Hause muss

Ich habe ganz vergesssen, dass ich heute zur Prostatakrebs-Vorsorgeuntersuchung bei meinem Urologen muss.

♂♂♂

Mein Haustier muss zum Tierarzt. Impfungen nimmt unser Tierarzt leider nur an den Nachmittagen vor.

♂♂♂

Meine Frau hat gerade angerufen. Ihr ist so schwindlig und ich muss sie zum Arzt fahren.

♂♂♂

Ich wurde soeben von Möbel-Müller angerufen. Mein neues Schlafzimmer wird jetzt doch schon heute geliefert. Der LKW steht vor meiner Haustür und niemand ist da, um aufzumachen.
Ich muss dringend weg.

♂♂♂

Ich habe endlich einen Nachmieter für meine Wohnung gefunden. Der will heute Nachmittag vorbeikommen und sich die Wohnung ansehen.

Warum ich früher von der Arbeit nach Hause muss

Meine Frau hat ihren Hausschlüssel vergessen und kann jetzt nicht in die Wohnung. Ich muss leider früher gehen, sonst muss sie bei der Kälte (Regen, Hitze) vor der Tür stehen. Und deshalb den Schlüsseldienst zu holen, ist doch lächerlich und viel zu teuer!

♂♂♂

Ich habe Karten für das Rolling-Stones-Konzert heute Abend in Mannheim. Das sind 300 Kilometer Fahrstrecke und es ist ein Riesenstau auf der Autobahn.
Ich muss dringend weg.

In unserer Straße ist heute Straßenfest. Ich bin ab dem späten Nachmittag zum Grillen eingeteilt.

♂♂♂

Meine alte Mutter will sich heute Nachmittag verschiedene Altenwohnheime ansehen und ich soll sie dabei begleiten.

♂♂♂

Ich muss zur Stadtverwaltung und meinen neuen Personalausweis abholen. Die machen aber heute schon um 16 Uhr zu.

Warum ich früher von der Arbeit nach Hause muss

Mein Vermieter hat für heute Nachmittag den Wartungsdienst bestellt, der bei mir in der Wohnung die Zähler ablesen will.

♂♂♂

Mein Vermieter hat eben angerufen. Für das Haus, in dem ich wohne, ist ein Gutachter bestellt. Und der kommt heute Nachmittag.

♂♂♂

Wie ich eben höre, ist beim Mieter über mir die Badewanne übergelaufen und das Wasser dringt durch die Decke in meine Wohnung ein. Könnte mich vielleicht ein Kollege schnell heimfahren?

♂♂♂

Mein Optiker hat angerufen; meine Brille ist fertig. Endlich kann ich dann wieder besser arbeiten. Ich möchte jetzt in die Stadt fahren und die Brille holen, damit ich ab morgen wieder alles gut sehen kann.

♂♂♂

Ich gehe am Samstag auf den Opernball. Ich muss jetzt weg zur Anprobe bei meinem Schneider, mein Frack sitzt noch nicht richtig.

Warum ich heute keine Überstunden machen kann

Morgen heiratet mein bester Freund und ich muss heute den Junggesellenabend organisieren. Außerdem habe ich noch immer kein Geschenk, das muss ich auch noch besorgen.

♂♂♂

Natürlich mache ich die Überstunden, wenn Sie in der Zeit mit meiner Frau in die Oper gehen. Die Karten hat sie mir zu Weihnachten geschenkt und es gibt Ärger, wenn sie verfallen.

♂♂♂

Meine Schwiegermutter kommt heute Abend zu uns zum Essen. Wenn ich schon wieder nicht anwesend bin, heißt es, ich könne sie nicht leiden.

♂♂♂

Gern bleibe ich noch im Büro, wenn Sie mir einen Babysitter besorgen. Meine Frau hat heute nämlich ihren VHS-Kurs und ich muss die Kinder ins Bett bringen.

♂♂♂

Ach, ausgerechnet heute habe ich einen Termin beim Arzt!

Warum ich heute keine Überstunden machen kann

Schon wieder Überstunden? Bitte schreiben Sie mir eine Bestätigung, dass ich im Büro bleiben muss, meine Frau denkt nämlich langsam, ich hätte eine Freundin.

♂♂♂

Heute geht es wirklich nicht, ich habe ein Blind Date. Wie wär's mit morgen?

♂♂♂

Heute kann ich nicht, ich habe einige Gebote bei Ebay laufen und da muss ich zum Steigern dringend heim.

♂♂♂

Ich habe in diesem Monat schon fast jeden zweiten Tag Überstunden gemacht. Ich muss mich auch mal ausruhen. Aus gesundheitlichen Gründen muss ich Ihnen heute leider absagen. Ich bin völlig ausgebrannt. Burn out – Sie verstehen?

♂♂♂

Keine Chance! Heute ist im Steigenberger-Hotel mein Männer-Kochkurs beim Meisterkoch. Der war so teuer, den kann ich nicht ausfallen lassen.

Witzg, witzig ...

„Ich arbeite gern mit Herrn Meier zusammen – ein richtiger 08/15-Typ", erzählt Paul seiner Frau. „Wieso 08/15-Typ?", wundert die sich. „Nun ja, er hat null Ahnung, sitzt jeden Tag acht Stunden herum und wird trotzdem nach Tarifgruppe 15 bezahlt ..."

☺☺☺

Der Bürobote zum Direktor: „Vielen Dank für die Lohnerhöhung, Herr Direktor. Davon werde ich meiner Familie ein großes Eis kaufen."

☺☺☺

Ganz plötzlich hatte der Buchhalter eine Magenverstimmung, der Prokurist bekam eine Kolik, der Sachbearbeiter klagte über furchtbare Zahnschmerzen und der Portier musste zu einer Beerdigung. Nachdem sie alle weg waren, sagte der Chef zum Azubi: „Komm, Gernot, wir gehen auch zum Länderspiel ..."

☺☺☺

„Kann ich Herrn Meier sprechen? Ich habe eine Rechnung ..." „Bedaure, der Chef ist verreist!" „...eine Rechnung, die ich bezahlen möchte!" „Oh, ich sehe, der Chef ist gerade von der Reise zurückgekommen!"

Witzg, witzig …

„Es gibt zwei Dinge in der Firma, auf die ich allergrößten Wert lege", sagt der Chef zum neuen Buchhalter. „Das eine ist Reinlichkeit. Haben Sie sich übrigens draußen auf der Matte die Füße abgetreten?" „Ja, natürlich!" „Gut. Das Zweite, was mir wichtig ist, ist Ehrlichkeit. Draußen liegt gar keine Matte!"

☺☺☺

Der Personalchef fragt den Bewerber unter anderem auch dieses: „Haben Sie Kinder?" „Ja, eine dreijährige Tochter und einen zehnjährigen Sohn." „Und was für ein Fahrzeug fahren Sie?" „Ein Dreirad und ein Fahrrad!"

☺☺☺

„Wenn ich nach Hause komme", erzählt Paul seinem Kollegen, „dann stelle ich mich immer zuerst vor den Fernseher." „Warum denn das?" „Damit die Kinder merken, dass ich da bin!"

☺☺☺

„War dein Chef schon mal unfreundlich zu dir?", will Evi von ihrem Mann wissen. „Und ob! Letzte Woche kam er rein und sagte: ‚Nun aber mal ran an die Arbeit!'"

Warum ich mehr Zeit für meine Familie brauche

Meine Tochter glaubt inzwischen, der Briefträger sei ihr Vater, weil sie den öfter sieht als mich.

♂♂♂

Ich muss mich mehr mit meinem Sohn beschäftigen. Tue ich das nicht, wird er zum Muttersöhnchen oder zu einem Weichei und für solche Leute ist die heutige Welt nicht gemacht.

♂♂♂

Meine Tochter hat mir neulich die Tür aufgemacht. Dabei hat sie mich gesiezt und gesagt, dass sie Fremde nicht ins Haus lassen darf.

♂♂♂

Vor lauter Arbeit bin ich kaum noch zu Hause. Ich habe neulich das falsche Kind zur Begrüßung geküsst. Es war die Freundin meiner Tochter!

♂♂♂

Unser Baby schreit sofort los, wenn es mich sieht. Ich bin ihm völlig fremd! Meine Frau reagiert übrigens seit Kurzem ähnlich!

Warum ich mehr Zeit für meine Familie brauche

Ich brauche eine neue Regelung für die Bürozeiten. Ich muss bereits am Nachmittag gehen, damit ich vorschlafen kann, denn unser Baby hält uns die ganze Nacht auf Trab. Dafür fange ich morgens gerne schon um fünf an. Aber da ist hier ja noch keiner!

♂♂♂

Dadurch, dass ich nur noch hier im Büro sitze und arbeite wie ein Pferd, ist mir meine Frau völlig fremd geworden. Inzwischen frage ich mich schon, warum ich diese Person geheiratet habe.

♂♂♂

Ich bin zu Hause nur noch ein ungern gesehener Gast, weil ich so selten daheim bin. Die ganze Familie tanzt mir auf der Nase herum, jeder macht was er will. Mir erzählt meine Frau andauernd, dass die Kinder eine Vaterfigur brauchen!

♂♂♂

Ich muss in den nächsten Tagen mal früher nach Hause und meine Frau überraschen. Ich habe nämlich das Gefühl, dass da längst ein anderer meine ehelichen Pflichten übernommen hat.

Warum ich mehr Zeit für meine Familie brauche

Meine Kinder haben mich neulich gefragt, ob wir sie nur in die Welt gesetzt hätten, damit überhaupt jemand zu Hause ist.

♂♂♂

Meine Tochter hatte neulich Geburtstag. Ich habe ihr ein „Hanni-und-Nanni-Buch" geschenkt. Damit lag ich total daneben, die Kleine ist volljährig geworden und ich dachte, sie sei erst zwölf. Ich habe vor lauter Büroarbeit gar nicht mitbekommen, dass sie schon so groß ist!

♂♂♂

Eltern sollen Vorbilder sein, heißt es. Mein Sohn hat mir neulich gesagt, dass er absolut kein Vorbild in mir sieht, sondern nur einen karrieregeilen Bürohengst!

♂♂♂

Wenn ich nicht bald mal wieder zu Hause vorbeischaue, verlässt mich meine Frau und dann stehe ich da als Alleinerziehender, kann nur noch halbtags für Sie arbeiten und gehe dann mit dem kleinen Gehalt auch noch pleite.

Warum ich mehr Zeit für meine Familie brauche

Meine Frau akzetiert ja meine Büroarbeit, aber unsere Kinder nicht!

♂♂♂

Die Tatsache, dass mir meine Kinder dauernd E-Mails ins Büro schicken, gibt mir schon zu denken. Vielleicht wäre ab und an ein persönliches Gespräch doch besser.

♂♂♂

Als ich meine Frau neulich mal genauer angeschaut habe, habe ich festgestellt, dass sie zehn Jahre älter und auch viel dicker geworden ist. Ich habe gar nicht mitbekommen, wie schnell die Zeit vergeht!

♂♂♂

Meine Frau hat den Sommerurlaub nur für sich und die Kinder gebucht. Als ich sie fragte, warum ich nicht dabei sei, meinte sie, ich wäre auch sonst nie dabei!

♂♂♂

Meine Frau will sich scheiden lassen, weil ich in Wahrheit mit dem Büro verheiratet sei.

Warum ich die Büroarbeit noch nicht erledigt habe

Ich warte noch auf eine Genehmigung.

♂♂♂

Das hat mir keiner gesagt, dass ich das
auch noch erledigen soll.

♂♂♂

Im letzten Seminar habe ich gelernt,
ass man delegieren soll.

♂♂♂

Ich bin dafür nicht zuständig.

♂♂♂

Für diese Arbeit besitze ich nicht
die notwendigen Vollmachten.

♂♂♂

Ich dachte, ich hätte Ihnen gesagt, dass ich die
Aufgabenstellung nicht verstanden habe.

♂♂♂

Bisher hat Herr Y solche Aufgaben erledigt.
Ich muss mich erst einarbeiten.

Warum ich die Büroarbeit noch nicht erledigt habe

Seien Sie bloß froh, dass ich das noch nicht gemacht habe. Der Auftrag hat sich inzwischen nämlich überholt.

♂♂♂

Für diese Arbeit bin ich über(unter)qualifiziert.

♂♂♂

Also, ich bin Akademiker und wurde nicht für eine solche Arbeit eingestellt.

♂♂♂

Und ich dachte, das hätte keine Priorität.

♂♂♂

Ich habe immer gedacht, Sie halten mich für dämlich, deshalb habe ich diese anspruchsvolle Aufgabe noch liegen lassen.

♂♂♂

Gut, dass Sie mich erinnern. Unser Azubi beschäftigt sich gerade damit, aber der ist heute in der Berufsschule. Ich werde mich morgen mal nach dem Stand erkundigen.

Warum ich die Büroarbeit noch nicht erledigt habe

Gut, dass Sie nachfragen. Ich wusste nicht, dass die Aufgabe von Wichtigkeit ist.

♂♂♂

Wenn ich geahnt hätte, dass die Aufgabenstellung von Ihnen kommt, hätte ich sie längst erledigt!

♂♂♂

Ich habe die Angelegenheit in den Terminordner gelegt. Ist heute schon der Termin?

♂♂♂

Ich bin noch am recherchieren, um ausreichend mit Basiswissen versorgt zu sein. Man lernt ja nie aus.

♂♂♂

Die Arbeit war bis heute zu erledigen?
Ich habe den Termin wohl falsch interpretiert.
Das ist mir ja noch nie passiert!

♂♂♂

Sie sind zu früh gekommen. Ich habe die Aufgabe in Arbeit, sie muss aber noch überarbeitet werden.

Warum ich die Büroarbeit noch nicht erledigt habe

Ach, schade! Jetzt haben Sie mich gestört und der wesentliche Lösungsansatz ist mir entfallen!

♂♂♂

Sie sind zu früh gekommen. Ich habe die Aufgabe in Arbeit, sie muss aber noch überarbeitet werden.

♂♂♂

Bis jetzt ist es mir nicht gelungen, einen kompetenten Kollegen ans Telefon zu bekommen, der mir Hintergrundinformationen geben kann. Ohne diese ist die Aufgabe aber nicht zu machen.

♂♂♂

Mein Arbeitsumfeld in diesem Großraumbüro ist so laut, dass es mir schwerfällt, mich voll zu konzentrieren. Daher dauert die Bewältigung der Arbeit länger als veranschlagt.

♂♂♂

Ich wurde wegen meines Arbeitseifers schon von einigen Kollegen geschnitten. Da habe ich mich dem Arbeitstempo der anderen angepasst. Schließlich geht ja nichts über den Betriebsfrieden.

Warum ich die Büroarbeit noch nicht erledigt habe

Ich habe die Unterlagen verlegt. Aber keine Sorge, die tauchen schon wieder auf.

♂♂♂

Ich laufe erst zur Hochform auf, wenn der Termin kritisch wird. Also geben Sie mir bitte noch ein paar Tage Zeit.

♂♂♂

Die Arbeit fordert mich sehr. Da muss ich immer mal wieder einen Sekundenschlaf einlegen.

♂♂♂

Die Kaffeemaschine ist kaputt und ohne Kaffee bin ich einfach nicht fit genug, um volle Leistung zu bringen.

♂♂♂

Mein PC spinnt andauernd. Ständig schmiert er ab und ich muss von vorne anfangen.

♂♂♂

Jetzt mal ernsthaft: War das wirklich meine Aufgabe und kein Scherz?

Warum ich die Büroarbeit noch nicht erledigt habe

Ich habe die Unterlagen für die
Aufgabe überhaupt noch nicht bekommen!
Haben Sie die mit der Hauspost geschickt?

♂♂♂

Gerade wollte ich Ihnen die Akte bringen.
Jetzt ist sie aber von meinem Schreibtisch
wie von Geisterhand verschwunden!

♂♂♂

Ganz sicher habe ich die Akte am Fotokopierer liegen
lassen. Als mir das auffiel, war sie weg. Entweder sie
taucht in den nächsten Tagen irgendwo auf,
oder ich muss das Ganze neu machen.
Warten wir es doch einfach ab.

♂♂♂

Ich habe vor lauter Überarbeitung ein Blackout. Ich
weiß nicht mehr, wo ich die Unterlagen hingelegt habe.

♂♂♂

Die Unterlagen müssen gestern
versehentlich in den Papierkorb gefallen sein.
Jedenfalls waren sie heute früh weg.

Warum ich die Büroarbeit noch nicht erledigt habe

Aber sicher habe ich die Arbeit erledigt. Ich habe sie sogar gestern noch mit nach Hause genommen. Meine Frau muss die Unterlagen aber versehentlich in ihren Aktenkoffer eingepackt haben, ich konnte sie heute früh nicht finden. Heute Abend weiß ich mehr.

♂♂♂

Ich habe die Arbeit zur Überprüfung gestern Abend mit nach Hause genommen und war einen Moment unachtsam. In dieser Zeit haben meine Kinder aus den Blättern Papierschwalben gebastelt und die haben sie dann auch noch aus dem Fenster fliegen lassen.

♂♂♂

Ach, ich sollte das erledigen?
Ich habe mich gar nicht angesprochen gefühlt.

♂♂♂

Ich habe die Arbeit gestern mit nach Hause genommen, weil ich heute unbedingt fertig werden wollte. Meine Schwiegermutter hat gestern den Kamin angeheizt und dazu aus Versehen meine Arbeitsblätter genommen.

Warum ich die Büroarbeit noch nicht erledigt habe

Ich habe die Arbeit gestern mit nach Hause genommen, weil ich heute unbedingt fertig werden wollte. Meine Schwiegermutter ist ein Mülltrenn-Freak und tierisch sparsam. Sie sammelt auch Altpapier. Papier, das auf der Rückseite nicht bedruckt oder beschriftet ist, zerschneidet sie und macht daraus kleine Einkaufszettel. Da müssen ihr wohl meine Arbeitsblätter unter die Finger gekommen sein, denn sie waren leider nicht mehr auffindbar.

♂♂♂

Ich habe die Arbeit gestern mit nach Hause genommen, weil ich heute unbedingt fertig werden wollte. Meine Schwiegermutter hat die Blätter aus Versehen mit zum Altpapier gegeben.

♂♂♂

Ich habe die Arbeit gestern mit nach Hause genommen, weil ich heute unbedingt fertig werden wollte. Da wurde meine Frau sauer, weil gestern unser Hochzeitstag war. Logisch, dass ich da nicht mehr arbeiten konnte. Dummerweise habe ich die Arbeit heute früh zu Hause liegenlassen.

Warum ich die Büroarbeit noch nicht erledigt habe

Ich wurde gestern ganz unverhofft zu einem Meeting abberufen. Danach hatte ich keine Zeit mehr für die Aufgabe.

♂♂♂

Unser Baby hat heute früh beim Füttern alles wieder ausgespuckt und der Brei flatschte genau auf meine Büroarbeit, die ich zu Hause fertiggestellt hatte. Jetzt muss das eine oder andere halt noch mal gemacht werden.

♂♂♂

Die Unterlagen sind leider nicht vorzeigbar. Ich habe vorhin aus Versehen meine volle Kaffeetasse darübergekippt.

♂♂♂

Die Unterlagen sind leider nicht vorzeigbar. Ich habe vorhin aus Versehen mein Bier darübergekippt.

♂♂♂

Ich habe die Unterlagen heute früh im Auto meiner Freundin liegenlassen und die ist jetzt für drei Tage als Model in Paris gebucht.

Warum ich die Büroarbeit noch nicht erledigt habe

Mein Computer-Programm ist völlig veraltet. Den Anforderungen der Aufgabe ist er nicht gewachsen.

♂♂♂

Es war ja gestern so heiß und da habe ich den Tischventilator auf meinem Schreibtisch angestellt. Da sind die Blätter hochgeflogen und in den Ventilator geraten. Leider ist die Arbeit jetzt erst mal futsch.

♂♂♂

Ich hätte die Aufgabe ja gerne heute abgegeben, aber ich finde, sie sollte auch inhaltlich überzeugen.

♂♂♂

Mein Monitor qualmte plötzlich.

♂♂♂

Ich habe mein Passwort letzte Woche geändert, weil ich das Gefühl habe, dass jemand in meinen Unterlagen rumstöbert. Jetzt habe ich den Zettel verloren, auf den ich es aufgeschrieben hatte, und komme nicht mehr in das Computerprogramm.

Warum ich die Büroarbeit noch nicht erledigt habe

Ich habe die Aufgabe gestern in den Computer eingegeben und er hat sie nicht gelöst. Fazit: Computer sind eben doch nicht intelligent.

♂♂♂

Ich hatte Probleme mit dem Drucker. Das Gerät wollte die Aufgabe einfach nicht ausdrucken.

♂♂♂

Der Computer hat garantiert einen Virus, denn ein großer Teil der Daten ist nicht mehr verfügbar. Die Aufgabe war auch dabei. Es muss dringend ein Computertechniker her.

♂♂♂

Der Toner von meinem PC-Drucker war alle. Leider habe ich das erst bei Büroschluss bemerkt. Und heute früh bin ich noch nicht dazu gekommen, in der Materialausgabe eine neue Patrone zu holen.

♂♂♂

Mein Druckerpapier ist alle und in der Materialausgabe gibt es derzeit keins.

Warum ich die Büroarbeit noch nicht erledigt habe

Ich hatte gestern keinen Internet-Zugang.
Es hat einfach nicht funktioniert.

♂♂♂

Die Tastatur von meinem PC
hat den ganzen Tag geklemmt.

♂♂♂

Ich habe gestern aus Versehen mein Glas mit Coca-Cola umgekippt und die klebrige Flüssigkeit ist über die Tastatur gelaufen. Da war mit dem PC erst mal nichts mehr zu machen.

♂♂♂

Der Bildschirm von meinem PC ist so verdreckt,
da habe ich nichts mehr sehen können.

♂♂♂

Meine Maus ist kaputt.

♂♂♂

Ich konnte wichtige Hintergrundinformationen nicht im Internet recherchieren, weil bei Google überhaupt kein Stichwort dazu zu finden ist.

Warum ich die Büroarbeit noch nicht erledigt habe

Ich hatte die Aufgaben gemacht und gespeichert. Aber ich habe sie irgendwohin gespeichert und finde das Ganze nicht mehr.

♂♂♂

Mein Druckerkabel ist weg. Da konnte ich die Verbindung zum PC nicht herstellen.

♂♂♂

Mein Drucker hatte andauernd einen Papierstau. Es war nicht möglich, die Aufgaben auszudrucken.

♂♂♂

Meine elektronische Terminverwaltung ist abgestürzt. So konnte ich ja nicht wissen, dass die Aufgabe schon heute fertig sein sollte.

♂♂♂

Der Drucker schmiert so. Die Ausdrucke meiner Arbeit wollte ich Ihnen einfach nicht zumuten.

♂♂♂

Ich habe keine Speicherkapazität mehr auf meiner Festplatte.

Warum ich die Büroarbeit noch nicht erledigt habe

Die Arbeit ist so umfangreich, dass ich massenweise ausdrucken musste. Plötzlich hat der Drucker gequalmt und ich hatte Bedenken, dass er explodiert. Da habe ich mit dem Ausdrucken aufgehört.

♂♂♂

Ich hatte meine Arbeit gestern schon fertig am Computer geschrieben und dann gab es einen Stromausfall und der Rechner ist abgestürzt. Alle Daten waren weg und es war zu spät, mit dem Ganzen noch einmal von vorne zu beginnen.

♂♂♂

Ich hatte die Aufgabe am Computer schon fertig und dann habe ich sie versehentlich gelöscht.

♂♂♂

Mein Computer ist abgestürzt und ich hatte nicht gesichert. Dadurch habe ich die Aufgabe verloren.

♂♂♂

Mein Computer gibt pfeifende Geräusche von sich. Davon bekam ich gestern solche Ohrenschmerzen, dass ich sofort mit der Arbeit aufhören musste.

Warum ich die Büroarbeit noch nicht erledigt habe

Von dem ewigen Starren auf den Bildschirm habe ich
solche Augenschmerzen bekommen,
dass ich gar nichts mehr sehen konnte.

♂♂♂

Ich habe seit gestern ein Blackout.
Was war denn noch mal die Aufgabe?

♂♂♂

Die Kollegen arbeiten vor.
Allerdings sind sie noch nicht so weit.

♂♂♂

Ich hatte gestern immer wieder solche Krämpfe in den
Händen, dass es mir völlig unmöglich war,
auch nur eine Zeile korrekt zu schreiben.

♂♂♂

Die Aufgabe setzt mich unter seelischen Druck.
Und unter Druck kann ich nicht arbeiten.

♂♂♂

Wenn ich mich aufrege, bekomme ich Asthma.
Und diese Arbeit regt mich auf.

Warum ich die Büroarbeit noch nicht erledigt habe

Ich habe einen Bandscheibenvorfall. Jedenfalls konnte ich gestern nicht länger als vier Stunden ununterbrochen am Schreibtisch sitzen und heute ist das auch nicht besser.

♂♂♂

Den ganzen Tag hatte ich hier im Büro keine ruhige Minute. Und gestern war es genauso.

♂♂♂

Ich habe pausenlos an die Aufgabe gedacht, bin aber beim besten Willen nicht dazu gekommen.

♂♂♂

Ich war mir nicht sicher, ob ich die Aufgabenstellung richtig verstanden habe und wollte mich heute erst noch einmal bei Ihnen vergewissern.

♂♂♂

Die Aufgabe stellt nun wirklich keine Herausforderung für mich dar.

Warum ich die Büroarbeit noch nicht erledigt habe

Die Aufgabe hört sich für mich so kompliziert an,
dass ich ganz sicher bin,
dass hier ein Missverständnis vorliegen muss.

♂♂♂

Ich dachte, der Abgabetermin
für die Aufgabe ist morgen.

♂♂♂

Ich hatte gestern ein Leistungstief.

♂♂♂

Nachdem ich die Aufgabe nicht zustande brachte,
habe ich sie an den Papierkorb delegiert.

♂♂♂

Ich bin ein Teamworker.
Ich kann nicht allein arbeiten.

♂♂♂

Ich gebe die Aufgabe heute nur aus Rücksicht
auf Sie nicht ab. Ich weiß ja,
dass Sie mit Arbeit bis oben hin eingedeckt sind.

Warum ich die Büroarbeit noch nicht erledigt habe

Die neue Aufgabe? Ja, die ist fertig.
Wo hab' ich sie denn? Die muss ich erst suchen.
Haben Sie eine Stunde Zeit?

♂♂♂

Ich bin nicht faul! Ich spare nur
Telefonkosten und Büromaterial.

♂♂♂

Ich arbeite lieber doppelt so langsam,
dafür aber halb so schnell.

♂♂♂

Bei mir ist Ihr Auftrag in den besten Händen.
Keine Sorge, ich fasse ihn nur ganz vorsichtig an.

♂♂♂

Die Aufgabe ist so dämlich, dass ich dabei dauernd
eingeschlafen bin. Ich habe sie deshalb
an unsere blonde Azubine delegiert.

♂♂♂

Ich würde die Arbeit ja gerne machen,
aber ich muss heute früher aus dem Büro –
ein dringender Arzttermin!

Warum ich die Büroarbeit noch nicht erledigt habe

Ich habe soeben begriffen, dass Sie für mein Gehalt auch eine Gegenleistung erwarten.

♂♂♂

Wenn die Arbeit nicht wäre, wäre das hier ein Traumjob.

♂♂♂

Ich mache hier nur einen Aushilfsjob. Für solche komplizierten Aufgabenstellungen werde ich gar nicht bezahlt.

♂♂♂

Gut, ich bin gezwungen, jetzt voll durchzustarten. Dafür bin ich dann später beim Entspannen noch besser.

♂♂♂

Könnten Sie die Aufgabenstellung bitte noch einmal wiederholen? Sie war so lang, dass ich den Anfang schon wieder vergessen habe.

♂♂♂

Wenn Sie eine Aircondition im Büro hätten, könnte ich arbeiten, so ist es dafür viel zu heiß!

Warum ich die Büroarbeit noch nicht erledigt habe

Ich zweifle, ob ich mir die Aufgabe so kurz nach meiner Genesung schon zumuten kann.

♂♂♂

Also, in dieser Welt gibt es doch wirklich schlimmere Dinge als die Tatsache, dass ich die Aufgabe noch nicht fertig habe.

♂♂♂

Die Luft hier im Büro ist derart verbraucht, dass man zu wenig Sauerstoff bekommt. Logisch, dass das Gehirn da nicht richtig durchblutet wird und man solche schwierigen Aufgaben nur sehr langsam bearbeiten kann. Jedes Mal, wenn ich das Fenster öffnen will, ist es den Kollegen zu kalt oder zu zugig. So kann ich einfach nicht arbeiten.

♂♂♂

Wie soll ich denn die ganze Arbeit wegschaffen bei den Platzproblemen hier im Büro?

♂♂♂

Meinem Gehalt nach zu urteilen, ist die Bewältigung dieser Aufgabe darin nicht enthalten. Deshalb habe ich erst einmal damit gewartet, weil ich hören wollte, wie Sie das sehen.

Warum ich die Büroarbeit noch nicht erledigt habe

Ich habe zwar zurzeit ein Stimmungshoch,
leider aber ein Leistungstief.

♂♂♂

Bitte keine neuen Aufträge! Ich habe den letzten Auftrag noch nicht zu meiner vollsten Zufriedenheit erledigt. Das ist auch schwierig, weil ich ein absoluter Perfektionist bin.

♂♂♂

Aller Anfang ist schwer. Kann ich nicht hinten anfangen?

♂♂♂

Ich kann mich nicht des Eindrucks erwehren, dass Sie mich auf dem Kieker haben – sonst würden Sie mir doch nicht so eine Arbeit übertragen!

♂♂♂

Wollen wir den Sinn oder Unsinn dieser Arbeit nicht nach Feierabend bei einem Bierchen diskutieren?

♂♂♂

Wir sind doch insolvent – lohnt sich das noch?

Quatschsprüche

Bitte nicht hetzen!
Ich bin am Arbeiten und nicht auf der Flucht!

♦ ♦ ♦

Manche Arbeit muss man dutzende Male verschieben,
bis man sie endlich vergisst!

♦ ♦ ♦

Arbeite ruhig und gediegen, was nicht fertig wird,
bleibt liegen!

♦ ♦ ♦

Früher habe ich mich vor der Arbeit gedrückt,
heute könnte ich stundenlang zuschauen!

♦ ♦ ♦

Lieber eine Stunde Büroarbeit
als gar keinen Schlaf!

♦ ♦ ♦

In diesem Büro arbeiten die Träger der Firma.
Einer ist träger als der andere.

♦ ♦ ♦

Es gibt viel zu tun,
lassen wir's bleiben!

Quatschsprüche

Behüte uns, Gott, vor den schlimmsten Menschen,
die es gibt: den Korrekten.

♦ ♦ ♦

Das Einzige, was hier im Büro klappt,
sind die Türen!

♦ ♦ ♦

Das falsche Wort zur falschen Zeit –
vorbei ist's mit der Zufriedenheit.

♦ ♦ ♦

Dem Bürostress kannst du leicht entgehen,
vermeidest du es, aufzustehen.

♦ ♦ ♦

§1: Der Chef hat immer recht.
§2: Hat er mal nicht recht, tritt §1 in Kraft.

♦ ♦ ♦

Hier arbeiten wir Hand in Hand. Was die eine nicht
schafft, lässt die andere liegen!

♦ ♦ ♦

Arbeit ist süß,
aber ich bin Diabetiker!

Quatschsprüche

Der Mensch wird frei geboren
und dann muss er ins Büro.

♦ ♦ ♦

Die meisten Probleme lösen sich von selbst,
man darf sie nur nicht dabei stören.

♦ ♦ ♦

Einfach nichts tun ist besser,
als mit Mühe nichts schaffen.

♦ ♦ ♦

Hier sitz ich nun in aller Ruh'
und höre einem Rindvieh zu.

♦ ♦ ♦

Hoch lebe die Büroarbeit!
So hoch, dass keiner rankommt!

♦ ♦ ♦

Und aus dem Chaos sprach eine Stimme zu mir: „Lächle und sei froh, es könnte schlimmer kommen!" Und ich lächelte und war froh. Und es kam schlimmer ...

Quatschsprüche

Jeder Arbeitstag ist gleich lang,
aber verschieden breit.

♦ ♦ ♦

Arbeiten hat noch niemandem geschadet,
aber warum soll ich ein Risiko eingehen?

♦ ♦ ♦

Man kommt unfertig auf die Welt
und wird dann fertig gemacht.

♦ ♦ ♦

Operative Hektik ersetzt geistige Windstille.

♦ ♦ ♦

Arbeit macht Spaß, Spaß beiseite!

♦ ♦ ♦

Wer am Montag zerknittert ins Büro kommt,
hat die ganze Woche Zeit, sich zu entfalten.

♦ ♦ ♦

Unser Chef ist wie ein Blinddarm:
ständig gereizt, vollkommen überflüssig!

Quatschsprüche

Verschiebe nie etwas auf morgen,
was man auf übermorgen verschieben kann.

♦ ♦ ♦

Was heute nicht richtig ist,
kann morgen schon falsch sein.

♦ ♦ ♦

Was kann schon ein Tag bringen,
der mit Aufstehen beginnt?

♦ ♦ ♦

Wo ich bin, herrscht Chaos,
aber ich kann ja nicht überall sein.

♦ ♦ ♦

Die Arbeit ruft und ich bin taub …

♦ ♦ ♦

Wenig Arbeit, großes Gehalt –
so wird man hundert Jahre alt!

♦ ♦ ♦

Lieber mit einer Kollegin Brust an Brust,
als mit dem Chef Schuler an Schulter!

Quatschsprüche

Lieber Feste feiern als feste arbeiten!

♦ ♦ ♦

Lieber nichts tun als unter viel Mühen nichts schaffen.

♦ ♦ ♦

Lieber einen wackligen Stammtisch
als einen festen Arbeitsplatz.

♦ ♦ ♦

Alles ist klar, keiner weiß Bescheid.

♦ ♦ ♦

Lieber ein Schlagzeug nach Feierabend
als eine Standpauke vom Chef!

♦ ♦ ♦

Wenn alles andere versagt, versuch es mal
mit dem Vorschlag des Chefs!

♦ ♦ ♦

Solange mein Chef so tut, als würde er
mich richtig bezahlen, solange tue ich so,
als würde ich richtig arbeiten.

Warum der Chef nicht zu sprechen ist

Der Chef ist außer Haus.
Das kann länger dauern.

♂♂♂

Der Chef ist in einer wichtigen Besprechung;
da kann ich unmöglich stören.

♂♂♂

Der Chef? Den habe ich heute
überhaupt noch nicht gesehen!

♂♂♂

Der Chef ist mit seiner persönlichen
Assistentin schon seit Stunden im Handlager.

♂♂♂

Der Chef ist in der Finanzabteilung wegen der
Vorbereitung für die Jahresbilanz. Rufen Sie doch noch
einmal in fünf Stunden an.

♂♂♂

Der Chef ist in der Mittagspause.

♂♂♂

Der Chef ist in Paris auf Fortbildung.

Warum der Chef nicht zu sprechen ist

Der Chef? Ach, der ist nicht da?
Den haben wir noch gar nicht vermisst!

♂♂♂

Der Chef ist in der Reha-Gymnastik. Ich glaube,
er kommt heute nicht mehr ins Büro.

♂♂♂

Der Chef arbeitet heute zu Hause.
Sie werden verstehen, dass ich Ihnen
seine Privatnummer nicht geben kann.

♂♂♂

Der Chef hat Besuch vom Stadtrat und danach kommt
unser Justitiar. Heute ist er komplett ausgebucht.

♂♂♂

Der Chef hatte gerade einen Schwächeanfall
und jetzt ist der Notarzt bei ihm.

♂♂♂

Der Chef macht Kundenbesuche. Ich dachte,
er wäre jetzt bei Ihnen.

Warum der Chef nicht zu sprechen ist

Der Chef macht gerade einen
Krankenbesuch bei seiner Gattin.

♂♂♂

Der Chef? Der ist bei Frau Merkel
und beantragt Staatshilfe.

♂♂♂

Unser Chef ist bei seinem Chef. Und so, wie er vorhin drauf war, geht er garantiert danach in den „Goldenen Hirsch". Versuchen Sie es doch dort einmal!

♂♂♂

Der Chef ist beim Betriebsrat.

♂♂♂

Der Chef macht gerade seinen Mikro-Mittagsschlaf.
Versuchen Sie es später noch einmal.

♂♂♂

Der Chef ist nicht in seinem Büro.
Ich weiß nicht, wo er hin ist.

Warum der Chef nicht zu sprechen ist

Der Chef macht mit seinen
Abteilungsleitern eine Incentif-Reise.

♂♂♂

Der Chef ist auf einem Segelturn in der Karibik und bis
Ende des Monats nicht erreichbar.

♂♂♂

Der Chef ist beim Zahnarzt
und wollte danach nach Hause gehen.

♂♂♂

Der Chef hat heute seinen Wellness-Tag.

♂♂♂

Der Chef macht derzeit Diät und ist zu schwach,
um ans Telefon zu kommen.

♂♂♂

Der Chef holt gerade seinen Sohn von der Schule ab.

♂♂♂

Der Chef ist in der Rosenpark-Klinik
und lässt sich das Fett absaugen.

Warum der Chef nicht zu sprechen ist

Der Chef ist bei seinem Scheidungsanwalt
und legt den Unterhalt für die Chefin fest.

♂♂♂

Der Chef musste mit seiner Frau zum Shoppen gehen.

♂♂♂

Der Chef hat ein wichtiges Geschäftsessen
mit einer Delegation aus Angola.

♂♂♂

Der Chef ist beim Zoll und
löscht eine Ladung aus Hongkong.

♂♂♂

Der Chef zieht heute in ein neues Büro
und ich weiß gar nicht, wo das ist.

♂♂♂

Der Telefonanschluss vom Chef ist gestört.
Ich kann Sie leider nicht verbinden.

♂♂♂

Der Chef wurde gerade entlassen.

Warum der Chef nicht zu sprechen ist

Der Chef hat sich eine neue Yacht bestellt und denkt gerade darüber nach, wie er die finanzieren und auf dem Geschäftskonto verbuchen soll. Dabei kann ich ihn unmöglich stören.

♂♂♂

Der Chef ist beim Golftunier. Ein Charity-Event mit viel Prominenz.

♂♂♂

Der Chef ist zwar schon auf dem Rückweg von seiner Geschäftsreise, steht aber im Stau.

♂♂♂

Der Chef ist völlig überarbeitet und hat jetzt echt keinen Sinn für Ihr Anliegen.

♂♂♂

Ich würde Sie ja gerne zum Chef durchstellen, das geht aber nicht, weil er ja gar nicht da ist.

♂♂♂

Der Chef hat sich heute krank gemeldet.

Warum der Chef nicht zu sprechen ist

Der Chef nimmt an einem Seminar für Mitarbeiterführung teil.

♂♂♂

Der Chef ist gerade bei einer Jubiläumsfeier, nach solchen Festen arbeitet er gewöhnlich nicht mehr. Rufen Sie morgen wieder an.

♂♂♂

Der Chef ist gerade nicht zu stören, er macht mit seinem Joga-Lehrer Meditationsübungen.

♂♂♂

Sie wollen den Chef sprechen? Das wollen wir auch!

♂♂♂

Der Chef ist heute mental nicht gut drauf. Sein Coach ist gerade bei ihm.

♂♂♂

Der Chef gibt gerade eine Pressekonferenz über unsere wirtschaftliche Lage.

Warum der Chef nicht zu sprechen ist

Der Chef ist mit seinem Personal Trainer beim Joggen. Versuchen Sie es später noch einmal.

♂♂♂

Der Chef ist gestern mit einem großen Koffer in die Schweiz gefahren. Ich weiß nicht, wann er zurückkommt.

♂♂♂

Der Chef ist heute in einer privaten Angelegenheit unterwegs.

♂♂♂

Der Chef war gestern beim Steuerberater; seitdem haben wir noch nichts von ihm gehört.

♂♂♂

Der Chef schaut sich gerade unsere neue Firmenwagen-Flotte an.

♂♂♂

Der Chef führt gerade ein Einstellungsgespräch (Kündigungsgespräch).

Warum der Auftrag noch nicht erteilt wurde

Da muss ich erst einmal den Chef fragen,
ich kann da nichts dazu sagen.

♂♂♂

Leider bin ich nicht befugt,
Ihnen Auskunft zu geben.

♂♂♂

Da kann ich Ihnen nichts Verbindliches sagen,
der Vorgang liegt noch beim Chef.

♂♂♂

Der Kollege, der über Ihr Angebot zu entscheiden hat,
ist diese Woche in Urlaub.

♂♂♂

Ihr Angebot ist nicht bei uns eingetroffen.
Schicken Sie es doch bitte noch einmal zu.

♂♂♂

Wir haben Ihnen doch bereits in der vergangenen
Woche mitgeteilt, dass wir noch
Gegenangebote einholen wollen.

Warum der Auftrag noch nicht erteilt wurde

Ihr Angebot war doch so nicht ernst gemeint, oder? Wenn Sie bei uns punkten wollen, müssen Sie Ihre Preise noch einmal stark überarbeiten.

♂♂♂

Jetzt, in den Zeiten der Wirtschaftskrise will jeder Auftrag gut überlegt sein. Der Chef wartet erst einmal ab, wie sich die Börse entwickelt. Wir werden uns dann gegebenenfalls bei Ihnen melden.

♂♂♂

Wir haben Kurzarbeit. Der Disponent, der Ihr Angebot auf dem Tisch hat, bearbeitet jetzt die Angebote aus dem letzten Monat. Ihr Angebot kommt in ca. sechs Wochen dran.

♂♂♂

Der Chef möchte das Angebot persönlich mit Ihnen durchgehen. Er ist aber derzeit in Urlaub und erst in vier Wochen wieder im Büro.

♂♂♂

Sorry, bei uns liegen derzeit alle Entscheidungen auf Eis. Klopfen Sie doch nächsten Monat noch einmal an.

Warum der Auftrag noch nicht erteilt wurde

Wir haben Ihnen doch in dieser Angelegenheit bereits geschrieben! Haben Sie den Brief denn nicht bekommen? Rufen Sie mich bitte gegen Büroschluss an, ich muss das Schreiben erst heraussuchen.

♂♂♂

Momentan glaubt jeder, uns Angebote schicken zu müssen. Da verliert man ja den Überblick! Um was handelte es sich bei Ihrem Angebot noch einmal genau?

♂♂♂

Ach ja, ich erinnere mich dunkel. Leider hat meine Sekretärin Ihr Angebot versehentlich in den Reißwolf gegeben. Schicken Sie es doch einfach noch einmal zu.

♂♂♂

Bei uns werden die Aufträge nur in den ersten beiden Tagen des ersten Monats im Quartal erteilt. Ihr Pech, dass das letzte Woche war. Sie müssen sich leider noch gedulden.

Warum die Reklamation/Reparatur noch offen ist

Es kann sich nur um ein Versehen handeln.

♂♂♂

Unser Großhändler hat das Ersatzteil nicht am Lager.
Soll ich es beim Hersteller bestellen?
Das kann allerdings bis zu acht Wochen dauern.

♂♂♂

Unser Meister hat Ihr Gerät genauestens überprüft.
Bei diesem alten Modell ist leider
gar nichts mehr zu machen.

♂♂♂

Von einer Reparatur möchte ich Ihnen abraten. Es gibt bald ein völlig neues Gerät und die Reparatur des alten kostet Sie mehr als eine Neuanschaffung.

♂♂♂

Das benötigte Ersatzteil wird nicht mehr hergestellt.
Wir versuchen, ein sehr ähnliches Teil von einem
anderen Hersteller zu besorgen.

♂♂♂

Überlegen Sie sich gut, ob Sie sich so eine kostspielige Reparatur leisten können.

Warum die Reklamation/Reparatur noch offen ist

Wir hatten das Ersatzeil bestellt und als wir es einbauen wollten, stellten wir fest, dass man uns das falsche Teil geschickt hat.

♂♂♂

Die Garantie ist schon abgelaufen. Wir arbeiten Ihnen gerade einen Kostenvoranschlag für die Reparatur aus.

♂♂♂

Das Ersatzteil ist derzeit nicht lieferbar, kommt aber verbindlich in sechs Monaten wieder auf den Markt. Wollen Sie bis dahin warten?

♂♂♂

Ich bin derzeit allein in der Werkstatt und kann Ihnen Ihr repariertes Gerät nicht holen. Wenn Sie bitte am Samstagvormittag noch einmal hereinschauen würden?

♂♂♂

Ich kann Ihr Gerät nicht im Lager finden. Ich denke, der Chef hat es zum Hersteller geschickt.

Witzig, witzig ...

„Herr Direktor, ich möchte um eine Gehaltserhöhung bitten, ich habe nämlich geheiratet!" Darauf der Chef: „Für Unglücksfälle außerhalb der Firma sind wir nicht verantwortlich!"

☺☺☺

Ein Mitarbeiter zum anderen: „Haben Sie schon gehört? Unser Direktor ist von uns gegangen!" „Ja, und ich frage mich die ganze Zeit, wer da mit ihm gestorben ist." „Wieso mit ihm?" „Na, in der Anzeige stand doch: Mit ihm verstarb einer unserer fähigsten Mitarbeiter ..."

☺☺☺

Ein gestresster Manager springt ins Taxi. „Wohin soll's denn gehen?", fragt der Fahrer. „Völlig egal", antwortet der Manager, „ich werde einfach überall gebraucht!"

☺☺☺

„Warum hat dich denn der Direktor gefeuert?" „Weil ich während der Arbeitszeit geschlafen habe." „Aber das tun doch viele." „Ja, aber nicht mit der Chefin."

Witzig, witzig ...

Am Frühstückstisch. Der karrierebesessene Ehemann steckt wie immer vollständig hinter dem Wirtschaftsteil der Zeitung. Erkundigt sich seine Frau besorgt: „Sag mal, Schatz, geht es dir heute nicht so gut?" „Wieso?" „Deine Finger sind so blass!"

☺☺☺

„Ich würde Sie ja gern einstellen, aber wir haben in unserer Firma wirklich keine Arbeit für Sie." „Das stört mich überhaupt nicht, Herr Direktor."

☺☺☺

Atemlos kommt Herr Müller in die Firma gerast: „Tut mir leid, Chef, ich hab' verschlafen." „Was denn? Zu Hause schlafen Sie auch noch?"

☺☺☺

„Ist denn der Herr Direktor auch witzig und schlagfertig?", erkundigt sich die neue Sekretärin. „Na, drücken wir's mal so aus", antwortet eine der Kolleginnen, „er ist eher hitzig und mit einem Schlag fertig."

☺☺☺

Der Chef zum Assistenten: „Sie sind der größte Idiot, den ich kenne!" „Chef, Sie vergessen sich!"

Witzig, witzig …

Motto einer Firma: „Gib immer 100 Prozent bei der Arbeit." Umsetzung durch die Mitarbeiter: 12 Prozent am Montag, 23 Prozent am Dienstag, 40 Prozent am Mittwoch, 20 Prozent am Donnerstag und 5 Prozent am Freitag.

☺☺☺

Müller muss zum Chef. „Hören Sie Müller, ich habe zwei Nachrichten für Sie – eine gute und eine schlechte. Die gute sollen Sie zuerst hören: Sie sind sehr beliebt und alle Kollegen finden Sie furchtbar nett, bloß ein einziger kann Sie überhaupt nicht ausstehen." Müller strahlt über das ganze Gesicht: „Und die schlechte Nachricht, Herr Direktor?" „Dieser eine bin ich!"

☺☺☺

Wenn man arbeitet, hat man keine Zeit, Geld zu verdienen!

☺☺☺

Der Chef trifft seinen Angestellten schlafend am Schreibtisch. Der Angestellte entschuldigt sich: „Unser Baby hat mich bis in die Morgenstunden wachgehalten, so hat es geschrien!" „Das ist doch großartig", freut sich der Chef. „Am besten bringen Sie es morgen mit ins Büro!"

Witzig, witzig ...

Seufzt Herr Müller: „Wir leben in einer schrecklichen Zeit. Ich höre immer nur Geld, Geld, Geld." „Sie haben es gut. Ich höre immer nur Kein Geld, kein Geld, kein Geld!"

☺☺☺

Willibald kommt völlig erschöpft nach Hause. „War das ein Tag", stöhnt er, „hoffentlich passiert das nicht noch einmal! Unser Computer ist ausgefallen und wir mussten selber denken!"

☺☺☺

Der Chef zum Angestellten: „Sie könnten ganz gut mit Ihrem Gehalt auskommen, wenn Sie sich nach Ihrem Einkommen kleiden würden." „Ich bin noch nie ein Anhänger der Nacktkultur gewesen."

☺☺☺

„Liebe Kollegen", schreibt Kollege Müller aus dem Urlaub an sein Büro, „mir geht es ganz wundervoll, viel besser, als ich es mir finanziell leisten kann!"

☺☺☺

„Wir bekommen nur noch Binnenpost!" „Was ist denn das?" „Alle Geschäftsbriefe beginnen mit: Wenn Sie nicht binnen ..."

Freche Sprüche für die Anmache

Du musst der wahre Grund für die
globale Erderwärmung sein.

♦ ♦ ♦

Ich hoffe, du verstehst etwas von künstlicher
Beamtmung. Du raubst mir nämlich den Atem.

♦ ♦ ♦

Ich habe meine Telefonnummer verlegt.
Könnte ich mir Ihre leihen?

♦ ♦ ♦

Hast du Diabetes oder
warum siehst du so süß aus?

♦ ♦ ♦

Ich wäre gerne der Grund für
deine heutige schlaflose Nacht.

♦ ♦ ♦

Du hast wunderschöne Lippen.
Kann man die auch küssen?

♦ ♦ ♦

Glaubst du an Liebe auf den ersten Blick?

Freche Sprüche für die Anmache

Ich bin so schlecht im Bett, das musst du erlebt haben!

♦ ♦ ♦

Darf ich dir zwei Fragen stellen?
Was sind deine Lieblingsblumen?
An welche Adresse darf ich sie schicken?

♦ ♦ ♦

Du hast ja die gleichen Augen wie ich –
nur in braun!

♦ ♦ ♦

Ein tolles Kleid hast du an,
kann ich dich da rausreden?

♦ ♦ ♦

Ich spreche jetzt so lange mit dir,
bis du mit dir reden lässt.

♦ ♦ ♦

Wusstest du, dass Polen und Indianer die besten Liebhaber sind? Ich heiße übrigens Winnetou Kowalski.

Freche Sprüche für die Anmache

Na du Hübsche, hast du in den nächsten zwanzig bis dreißig Jahren schon was geplant? Oder brauchst du noch einen Netten, der dir hilft, glücklich alt zu werden?

♦ ♦ ♦

Wenn Schönheit intelligent wäre, dann hättest du einen IQ von weit über 285!

♦ ♦ ♦

Hat das eigentlich wehgetan, als du aus dem Himmel gefallen bist? Ich dachte, Engel haben Flügel!

♦ ♦ ♦

Du wirst von Tag zu Tag hübscher und siehst heute schon aus wie nächste Woche!

♦ ♦ ♦

Ich weiß, dass Milch schön macht,
aber du musst ja in Unmengen davon gebadet haben!

♦ ♦ ♦

Ich habe mir einen neuen Wecker gekauft.
Willst du ihn morgen früh mal klingeln hören?

Warum ich unser Date vergessen habe

So feste Verabredungen sind doch total spießig.
Lass uns doch morgen ausgehen.

♂♂♂

Ach, wir waren vor dem Kino und nicht vor dem Restaurant verabredet? Und ich Trottel stand die ganze Zeit vor dem „Il Sorriso" und bin fast erfroren.

♂♂♂

Der Bus stand im Stau. Anrufen konnte ich nicht, weil da ein ewiges Funkloch war. Und als ich dann endlich am Treffpunkt war, warst du schon lange weg.

♂♂♂

Ich habe unseren Hochzeitstag absichtlich unter den Tisch fallen lassen, Liebling. Wenn ich daran denke, dass ich schon zehn Jahre mit dir verheiratet bin, kommst du mir auf einmal so alt vor. Ich wollte lediglich taktvoll sein.

♂♂♂

Ich habe den ganzen Tag nur an dich und an unsere Verabredung gedacht. Und am Abend hatte ich plötzlich ein Blackout.

Warum ich unser Date vergessen habe

Du denkst dir für unsere Verabredungen immer so tolle Überraschungen aus, da habe ich inzwischen schon Komplexe, eigene Ideen zu entwickeln. Deshalb habe ich mich gar nicht getraut, dich heute einzuladen.

♂♂♂

Mein Chef hat heute Überstunden angeordnet und du weißt doch, dass private Telefonate vom Büro aus strengstens untersagt sind.

♂♂♂

Ich habe dir doch eine SMS geschickt, dass ich heute Abend keine Zeit habe. Hast du die denn nicht bekommen?

♂♂♂

Ich habe mich absichtlich nicht gerührt. Das war ein Test. Ich wollte mal wissen, ob du an unseren Kennenlerntag denkst. Na, wie wir sehen, hast du ihn ja nicht vergessen!

♂♂♂

Ich hatte heute Tagträume und zwar von dir. Und dann bin ich tatsächlich eingeschlafen.

Warum ich unser Date vergessen habe

Mein Kurzzeitgedächtnis funktioniert heute nicht richtig. Du hast mich tatsächlich heute angerufen und dich mit mir verabredet?

♂♂♂

Ich habe heute Nachmittag einen Anruf von meiner kranken Mutter bekommen. Du wirst verstehen, dass ich mich sofort ins Auto gesetzt habe und zu ihr gefahren bin. In der Aufregung habe ich ganz vergessen, dir abzusagen.

♂♂♂

Weil du die ganze Zeit so merkwürdig warst, war ich felsenfest davon überzeugt, dass du unsere Verabredung vergessen hast. Ich wollte dich nicht in Verlegenheit bringen.

♂♂♂

Mein Chef war heute krank, mein Kollege nieste wie verrückt, die Sekretärin hatte Husten und ich fühlte mich dann auch nicht mehr wohl.

♂♂♂

Ich wollte dich ja anrufen und absagen, aber der Akku von meinem Handy war leer und meine Ladestation lag zu Hause.

Warum ich unser Date vergessen habe

Ich wollte dir ja sagen, dass ich verhindert bin, aber du hast ja dauernd telefoniert! Nachdem es beim zehnten Versuch immer noch bei dir besetzt war, habe ich den Geist aufgegeben.

♂♂♂

Du bist überrascht, dass ich unser Date vergessen habe? Das ist ja toll, dann ist mir meine Überraschung ja gelungen.

♂♂♂

Laut meinem Hausarzt soll ich – auch während der Arbeit – geistige Entspannungsübungen machen und gedanklich einfach mal loslassen, damit ich dem Bürostress gewachsen bin, ohne seelischen Schaden zu nehmen. Und genau das habe ich heute getan und dabei ist mir unser Date entfallen.

♂♂♂

Also, ich glaube, ich höre schlecht! Ich habe nicht mitgekommen, dass du dich mit mir verabredet hast! Gleich morgen gehe ich zum Ohrenarzt und lasse mir die Ohren durchspülen.

♂♂♂

Du, ich hab` das Date echt vergessen! Sieh nur, wie zerknirscht ich bin!

Warum ich unser Date vergessen habe

Die Zeit ist heute so an mir vorbeigerauscht, da bin ich gar nicht dazu gekommen, in meinen Terminkalender zu schauen.

♂♂♂

Sorry, ich habe meinen Terminplaner verlegt. Da habe ich alle Termine verschwitzt. Du bist nicht die/der Einzige, die/den ich vergessen habe.

♂♂♂

Du hast bei mir im Büro angerufen und meiner Sekretärin gesagt, dass unser Termin heute Abend klappt? Die dumme Nuss hat mir genau das Gegenteil ausgerichtet. Na, da muss ich mit der Dame wohl mal ein ernstes Mitarbeitergespräch führen!

♂♂♂

Wenn du mich so gut kennst, wie du immer behauptest, warum fragst du mich denn dann noch, warum ich unsere Verabredung vergessen habe?

♂♂♂

Ich hatte solchen Hunger, dass mein Kopf ganz leer war. Da ist mir unsere Verabredung völlig entfallen und ich bin ins nächste Restaurant und habe richtig gut gegessen.

Warum ich unser Date vergessen habe

Ich habe morgens zu dir gesagt, dass ich noch nicht weiß, ob es mit unsere Verabredung klappt. Am Abend habe ich es immer noch nicht gewusst.

♂♂♂

Ich hatte heute den ganzen Tag Sehstörungen und konnte meine Einträge im Terminkalender nicht erkennen.

♂♂♂

Meine Sekretärin hat unseren Termin aus Versehen aus meinem Timer radiert.

♂♂♂

Meine Mutter hatte Geburtstag und da musste ich hin. Du sagst doch selbst immer: Die Familie geht vor!

♂♂♂

Wir waren gestern schon wieder miteinander verabredet? Findest du nicht auch, dass wir uns sehr oft sehen? Irgendwann muss ich schließlich auch mal arbeiten!

♂♂♂

Oje! Ich habe ein Gedächtnis wie ein Sieb!

Warum ich unser Date vergessen habe

Ich habe mir in der Kantine die
Tomatensuppe über den Schlips gegossen.
So wollte ich dir nicht gegenübertreten.

♂♂♂

Ich habe gestern auf dem Weg zu dir einen alten Kumpel getroffen und mich mit dem total verquatscht.

♂♂♂

Ich spiele ja montags nach dem Büro immer Squash mit dem Kollegen Müller. Ich habe mir dabei so den Fuß vertreten, dass der Müller mich nach Hause gefahren hat. Ich konnte den ganzen Abend nur humpeln; das wollte ich dir nicht zumuten.

♂♂♂

Im Fitness-Club war es heute so voll,
dass ich an jedem Gerät mindestens eine
Viertelstunde warten musste, bevor ich drankonnte.
Als ich endlich mit allen Übungen fertig war,
war es für unser Date um Ewigkeiten zu spät.

♂♂♂

Klar war ich am Treffpunkt, aber mit der neuen Frisur habe ich dich echt nicht erkannt.

Warum ich unser Date vergessen habe

Ich hatte heute so einen Zoff im Büro, dass ich nach Büroschluss erst mal einen trinken gegangen bin. Tja, irgendwer hat mich am Barhocker festgetackert, ich kam einfach nicht los.

♂♂♂

Mein Rasierapparat hat den Geist aufgegeben. Und mit diesen Bartstoppeln wollte ich dir einfach kein Begrüßungsbussi geben.

♂♂♂

Als ich heute aus dem Büro kam, war mein Auto nicht mehr da. Bei der Polizei habe ich dann erfahren, dass es abgeschleppt wurde. Bis ich das Auto wiederhatte, war es zu spät und mein letztes Geld haben die vom Abschleppdienst mir auch noch abgeknöpft.

♂♂♂

Wir hatten heute Nachmittag im Büro einen Umtrunk. Da habe ich etwas zu viel getrunken. Naja, die Fahne wollte ich dir einfach ersparen.

♂♂♂

Kannst du dir vorstellen, wie ich mich fühle? Ich freue mich die ganze Woche auf unser Date am Samstag, dabei war es gestern!

Warum ich unser Date vergessen habe

Mir wurde mein Fahrrad geklaut. Vor dem Büro, aus dem Ständer und das, obwohl es abgeschlossen war! Das musst du dir mal vorstellen! Logisch, dass ich erst zur Polizei musste, um Anzeige zu erstatten; schon allein rein versicherungstechnisch!

♂♂♂

Morgen habe ich eine Präsentation. Weil ich mich nicht textfest fühlte, habe ich mir die Unterlagen noch einmal vorgenommen und dabei noch jede Menge Denkfehler gefunden.

♂♂♂

Ich habe doch in deinem Büro angerufen und dir ausrichten lassen, dass es später wird. Und als ich dann im „Goldenen Löwen" war, bist du schon weggewesen. Also, das hätte ich nicht von dir gedacht!

♂♂♂

Was, unser Date war gestern und nicht heute? Also, darauf hätte ich wetten können!

♂♂♂

Ich habe unser Date nicht vergessen, ich habe es schlicht übersehen.

Warum ich deinen Geburtstag vergessen habe

Ich habe mich echt nicht getraut, dir zu gratulieren. Ich dachte, du willst nicht, dass man mitbekommt, dass du schon wieder ein Jahr älter geworden bist.

♂♂♂

Ich war durcheinander, weil ich nicht mehr wusste, den wievielten 39. Geburtstag du feierst. Da habe ich besser gleich Abstand vom Gratulieren genommen.

♂♂♂

Ich habe dr aus purem Taktgefhl nicht zum Geburtstag gratuliert! Hast du nicht gesagt, dass du ab einem gewissen Alter nicht mehr feiern willst? Und in diesem Alter bist du ja jetzt!

♂♂♂

Was, schon wieder ist ein Jahr vergangen? Mir kommt es vor, als hättest du gerade erst Geburtstag gehabt.

♂♂♂

Du hast ja schon letztes Jahr geheult, weil du so stramm auf die Dreißig zugehst. Ich wollte dir dieses Jahr diesen Kummer ersparen, deshalb habe ich deinen Geburtstag nicht erwähnt.

Warum ich deinen Geburtstag vergessen habe

Letztes Jahr hast du meinen Geburtstag vergessen. Jetzt sind wir quitt.

♂♂♂

Ich glaube, ich leide an Verkalkung. An deinen Geburtstag habe ich überhaupt nicht mehr gedacht.

♂♂♂

Du siehst so klasse und jung aus, dass ich überhaupt nicht auf die Idee gekommen bin, du könntest älter werden und Geburtstag haben!

♂♂♂

Sorry, aber in unserem Alter sind Geburtstage schließlich keine Freudentage mehr!

♂♂♂

Ich verstehe dich nicht, du willst nicht, dass ich mitkriege, dass du ein Jahr älter bist, andererseits bist du sauer, wenn ich dir nicht gratuliere.
Was willst du denn nun eigentlich?

♂♂♂

Bei dem Dauerr werde ich so depressiv. Da ist mir absolut nicht nach Geburtstagsfeiern zumute!

Warum ich zu spät zu unserer Verabredung komme

Man hat mich in der U-Bahn für Brad Pitt gehalten. Die Fans waren nicht abzuwimmeln. Ich musste sogar Autogramme geben.

♂♂♂

Das Taxi, das ich gerufen hatte, kam nicht. Da bin ich den ganzen Weg hierher zu Fuß gelaufen.

♂♂♂

Auf dem Parkplatz hat mich so ein Idiot komplett zugeparkt. Da musste ich warten, bis der kommt und endlich wegfährt.

♂♂♂

Mir fehlen die letzten zwei Stunden in meinem Bewusstsein. Ich glaube, ich wurde von Außerirdischen entführt und die haben mich eben erst zurückgebracht.

♂♂♂

Ich musste erst noch die Nachrichten schauen.

♂♂♂

Dass du so lange auf mich gewartet hast, zeigt mir, wie sehr du mich liebst.

Warum ich zu spät zu unserer Verabredung komme

Ich habe mir beim Mittagessen die heiße Suppe über den Schoß gekippt. Da musste ich mein bestes Stück erst mal kühlen!

♂♂♂

Mach doch nicht so eine Welle wegen der paar Minuten! Du hättest dir doch schon längst etwas bestellen können!

♂♂♂

Im Radio haben sie eine Suchmeldung durchgegeben. Ich dachte echt, ich wäre gemeint und bin zum Sender gefahren. Da stellte sich heraus, dass es doch tatsächlich jemanden gibt, der genauso heißt wie ich.

♂♂♂

Unterwegs hat es dermaßen geregnet, da musste ich mich erst mal in der Kneipe unterstellen.

♂♂♂

Ich habe die Schaufensterkrankheit. Das ist kein Witz, ich muss mich alle paar Meter ausruhen, bevor ich weitergehen kann. Der Weg zu dir war daher für mich bald dreifach so lang. Aber nun bin ich da!

Warum ich kein Geschenk habe

Du hast meinen Blumenstrauß nicht bekommen? Da muss ich mich sofort bei Fleurop beschweren; das gibt's doch gar nicht!

♂♂♂

Kein Geschenk der Welt kann meine Gefühle für dich ausdrücken!

♂♂♂

Ich wollte nicht, dass mein so persönliches Geschenk unbeachtet und unausgepackt auf dem Gabentisch bei den anderen Päckchen landet. Deshalb gebe ich es dir lieber erst morgen.

♂♂♂

Mein Geschenk für dich ist mein gestählter Body.

♂♂♂

Mein Geschenk für dich „steht" dann später nach der Party im Schlafzimmer.

♂♂♂

Dein Geschenk kannst du dir vielleicht morgen auf dem Fundbüro abholen. Ich habe es nämlich im Bus liegenlassen.

Warum ich kein Geschenk habe

Ich wollte dir etwas besonders Kreatives schenken.
Leider hat mich die Muse nicht geküsst.

♂♂♂

Dieses ewige „Ich schenk dir was – du schenkst mir was!" Ich mache jetzt mal den Anfang und verzichte darauf, dir etwas zu schenken.

♂♂♂

Wir hatten doch die klare Absprache getroffen, dass wir uns nichts schenken. Und jetzt hab' ich nichts für dich und du bist sauer!

♂♂♂

Mein Geschenk ist von praktischer Art: Ich spüle eine Woche lang oder mache die Gartenarbeit.
Noch kannst du es dir aussuchen!

♂♂♂

In Anbetracht meiner derzeitigen finanziellen Verhältnisse kommt dein Geburtstag vier Wochen zu früh.

♂♂♂

Ich schenke dir mein Herz –
was willst du mehr?

Warum ich kein Geschenk habe

Mein supertolles Geschenk für dich: Ich habe das Wochenende mit meiner Mutter abgesagt und bin ausschließlich für dich da!

♂♂♂

Ich habe dir mein Geschenk per Post geschickt. Und das ist immer noch nicht angekommen? Das wird doch nicht verlorengegangen sein? Auf die Post ist ja schon lange kein Verlass mehr.

♂♂♂

Ich hatte meine Sekretärin gebeten, dir etwas Hübsches zu besorgen. Aber sie ist vor lauter Arbeit nicht dazu gekommen.

♂♂♂

Ich will dir etwas richtig Tolles, Großes schenken. Deshalb lege ich dein Geschenk zum Geburtstag mit dem zu Weihnachten zusammen. Du musst dich bis dahin noch gedulden.

♂♂♂

Ich wollte dir zum Geburtstag den perfekten Mann backen. Da ich nicht backen kann, ist er mir misslungen, dafür komme ich selbst!

Warum ich kein Geschenk habe

Ich wollte dir ein paar scharfe Dessous kaufen. So ein tolles Teil mit Strapsen und so.
Aber als ich in dem Wäschegeschäft stand, wusste ich deine BH-Größe nicht.

♂♂♂

Eigentlich wollte ich dir einen Gutschein für die Kosmetikerin schenken. Und dann war ich doch unsicher, weil du das bei deinem Aussehen überhaupt nicht nötig hast.

♂♂♂

Was soll man jemandem schenken, der schon alles hat? Am besten gehen wir am Samstag in die Stadt und du suchst dir was Nettes aus.

♂♂♂

Kann es sein, dass du mich nur eingeladen hast, um ein Geschenk zu kriegen? Und ich dachte, du magst mich und lädst mich um meiner selbst willen ein.

♂♂♂

Ich wollte dir eine Wochenendreise nach Paris schenken.
Aber die Reise, an die ich gedacht habe, war schon ausgebucht.

Warum ich kein Geschenk habe

Jeder übertrumpft den anderen mit immer teureren Geschenken. Weil das nicht Sinn der Sache ist und die Gesellschaft immer raffgieriger wird, streike ich. Ich mache diesen übertriebenen Quatsch nicht mehr mit!

♂♂♂

Also, Geschenke lenken doch nur vom eigentlichen Festanlass ab.

♂♂♂

Ich war so in Eile, zu deiner Geburtstagsparty zu kommen, dass ich dein Geschenk im Büro vergessen habe.

♂♂♂

Ich weiß, du träumst davon, von mir einen Brillantring geschenkt zu bekommen. Diesen Traum musst du noch ein Weilchen weiterträumen.

♂♂♂

Meine finanziellen Verhältnisse stehen in keinem Verhältnis zu deinen Ansprüchen. Bevor ich mich total blamiere, habe ich dir lieber nichts gekauft.

Warum ich kein Geschenk habe

Liebst du nun mich oder mein Geld?

♂♂♂

Im Blumenladen standen sie heute Schlange. Ich stand vor der Entscheidung, mit Blumen viel zu spät oder ohne Blumen pünktlich zu deiner Einladung zu kommen. Ich habe mich für die Tugend der Pünktlichkeit entschieden.

♂♂♂

Ich sollte das Geschenk für XY besorgen? Ich bin davon ausgegangen, dass du das erledigst. Sonst besorgst du doch auch immer alles!

♂♂♂

Bei „Wohnkultur" gab es so viele tolle Sachen, da konnte ich mich nicht entscheiden.

♂♂♂

Sonst meckerst du immer über meinen angeblich schlechten Geschmack. Da habe ich mich echt nicht getraut, das Geschenk für Tante Hilde zu besorgen, das machst besser du!

♂♂♂

Ich hatte nur noch fünf Euro,
dafür gibt es nichts!

Warum ich keinen Besuch will

Ich glaube, ich habe mich auf Mallorca mit der Schweinegrippe infiziert. Für euch wäre es besser, nicht zu mir zu kommen, schon allein aus gesundheitlichen Gründen.

♂♂♂

Klar könnt ihr kommen, wir sind aber heute Abend im Kino.

♂♂♂

Wisst ihr was? Ihr kommt nicht zu uns, sondern wir zu euch!

♂♂♂

Es ist euer Risiko – die Kinder haben die Masern und die sollen ja sehr ansteckend sein!

♂♂♂

Selbstverständlich könnt ihr vorbeikommen. Meine Schwiegereltern sind auch da und die freuen sich bestimmt sehr darauf, mal wieder so richtig ausgiebig mit euch zu plaudern.

♂♂♂

Wir haben einen Wasserschaden. Derzeit ist es zu ungemütlich bei uns.

Warum ich keinen Besuch will

Wir haben überraschend Besuch bekommen – wenn es euch nicht stört, dass meine Verwandten im Wohnzimmer campieren?!

♂♂♂

Gerne könnt ihr kommen, aber es gibt keinen Alkohol und wir machen eine strenge Diät.

♂♂♂

Bei mir herrscht das totale Chaos. Es wäre toll, wenn ihr kommt und mir beim Aufräumen und Putzen helft.

♂♂♂

Ihr könnt leider nicht zu mir kommen. Ich habe meinen Wohnungsschlüssel verloren und warte schon seit Stunden auf den Schlüsseldienst. Ich weiß nicht, ob ich heute überhaupt noch in die Wohnung komme oder sogar im Hotel übernachten muss.

♂♂♂

Ich habe ganz vergessen, dass wir heute unseren Kennenlerntag haben. Ihr werdet verstehen, dass wir den ganz intim verbringen möchten.

Warum ich keinen Besuch will

Wir hatten schon wochenlang keinen Sex, wegen dem ganzen Stress in der Firma. Heute konnte ich mal früher aus dem Büro – ihr versteht doch?

♂♂♂

Ich habe noch immer einen Kater von gestern. Ich muss mich heute mal erholen und früh ins Bett.

♂♂♂

Unsere Tochter gibt heute eine Party. Ihr könnt also nicht zu uns kommen, aber wir suchen selbst noch Asyl bis circa fünf Uhr früh!

♂♂♂

Heute geht's nicht. Mein Chef kommt mit Gattin zu uns zum Essen.

♂♂♂

Ein anderes Mal gerne, aber diese Woche haben wir die beiden Kampfhunde meines Freundes in Pflege und ich möchte wirklich nicht, dass euch etwas passiert.

♂♂♂

Ich bin diese Woche wieder sexsüchtig. Ich kann nicht garantieren, dass ich deine Frau nicht anfalle.

Warum ich keine Lust zum Telefonieren habe

Ich muss auflegen, eben hat es an der Tür geklingelt.

♂♂♂

Ach, da kommt gerade ein wichtiger Anruf auf dem Handy.

♂♂♂

Tut mir leid, ich erwarte einen wichtigen Anruf aus der Chefetage.

♂♂♂

Ich komme gerade aus der Dusche und ich tropfe wie verrückt. Aus Rücksicht auf mein Laminat telefonieren wir lieber morgen miteinander!

♂♂♂

Ich bin gerade beim Essen, tut mir leid, das wird mir sonst kalt!

♂♂♂

Ich muss mal ganz dringend auf die Toilette!

Warum ich keine Lust zum Telefonieren habe

Ich mache mir gerade Spaghetti und das Wasser kocht!

♂♂♂

Meine Freundin ist da und du störst mich inmitten meiner Lieblingsbeschäftigung!

♂♂♂

Ich muss mich noch rasieren, meine Freundin kommt gleich!

♂♂♂

Ich muss jetzt wirklich auflegen, sonst verhungert meine Katze!

♂♂♂

Ich kann jetzt nicht telefonieren, da kommt gleich ein Fax!

♂♂♂

Ich bin schon auf dem Sprung zu meinem ersten Blind date!

Warum ich keine Lust zum Telefonieren habe

Meine Freundin kommt gleich
und ich muss noch aufräumen!

♂♂♂

Ich bin eigentlich schon weg,
ich habe einen Termin beim Arzt.

♂♂♂

Sorry, ich liege im Bett und
habe gerade so schön geschlafen!

♂♂♂

Ich kann unmöglich telefonieren. Der Gerichtsvollzieher will kommen und ich mache natürlich nicht auf. Wenn er aber meine Stimme hört, weiß er ja, dass ich da bin.

♂♂♂

Du weißt doch, ich schreibe meine Memoiren. Ich habe gerade meine kreative Phase und wenn ich die jetzt unterbreche, ist sie futsch!

♂♂♂

Du, ich würde dich gerne mal wiedersehen und das Ganze persönlich besprechen.

Warum ich mal ausschlafen will

Ich habe gerade so schön von dir geträumt und jetzt willst du mich mit der Realität erschrecken?

♂♂♂

Kann es sein, dass du mir meinen Schlaf nicht gönnst?

♂♂♂

Der Schlaf vor dem Mittagessen s
oll der gesündeste sein!

♂♂♂

Warum soll ich aufstehen,
wenn ich schon im Schlaf Kreuzschmerzen habe?

♂♂♂

Wer schläft, sündigt nicht.
Also freu` dich doch!

♂♂♂

Nachts lässt du mich nicht zur Ruhe kommen und morgens auch nicht!

♂♂♂

Auch ein Mann braucht seinen Schönheitsschlaf!

Warum ich mal ausschlafen will

Ich hatte gerade so einen spannenden Traum. Bitte lass mich noch die Fortsetzung träumen!

♂♂♂

Was heißt hier: verschlafen! Ich tue ganz bewusst etwas für meine Gesundheit!

♂♂♂

Lass mich liegen, ich habe im Moment noch zu schlechte Laune, um aufzustehen. Und Morgenmuffel kannst du ja nicht ertragen, wie wir wissen!

♂♂♂

Im Gegensatz zu dir kann ich mein Schlafbedürfnis nicht im Büro befriedigen!

♂♂♂

Es heißt nicht ohne Grund „Morgengrauen“ und dem will ich aus dem Wege gehen.

♂♂♂

Ich bin heute ganz früh schon mal aufgewesen. Da habe ich beschlossen, wieder ins Bett zu gehen. Und ich stehe nun mal zu meinen Beschlüssen!

Warum ich mal ausschlafen will

Mir ist es zu kalt im Zimmer! Wenn ich jetzt aufstehe, bekomme ich einen Kälteschock!

♂♂♂

Ich befinde mich gerade in der erholsamen Schlafphase. Bitte lass mich da drin!

♂♂♂

Schlaf ist wichtig für das Gehirn. Du willst doch nicht, dass ich senil werde?

♂♂♂

Bei dem Wetter lohnt es sich nicht aufzustehen!

♂♂♂

Komm doch zu mir unter die Decke;
wir kuscheln noch ein bisschen!

♂♂♂

Du willst doch immer einen „ausgeschlafenen" Typen. Da arbeite ich gerade dran und nun ist dir das auch wieder nicht recht!

♂♂♂

Bedaure mich lieber: Ich habe die Schlafkrankheit!

Warum ich keinen Hunger habe

Zu spät am Abend zu essen, schadet der Figur! Und du maulst doch immer über meinen Speckbauch!

♂♂♂

Nein danke, ich möchte dir nichts wegessen; ich weiß ja, wie klamm du im Moment bist!

♂♂♂

Wir hatten eine Feier im Büro; da gab es Schnittchen. Ich bin immer noch satt!

♂♂♂

Ich bin mir nicht sicher, ob ich deine Frikadellen essen soll. Wo ist eigentlich das Meerschweinchen?

♂♂♂

Ich habe gerade Implantante bekommen, da will ich kein Risiko eingehen – das Fleisch erscheint mir doch sehr zäh.

♂♂♂

Sorry, ich bin heute Veganer!

Warum ich keine Lust habe, auszugehen

Es macht für mich keinen Sinn, ins Theater zu gehen – mit der Bindehautentzündung!

♂♂♂

Das Stück kenne ich schon – das habe ich im letzten Jahr bei den Bad Hersfelder Festspielen gesehen.

♂♂♂

Ach ja, ich gehe gerne ins Theater, aber nur, wenn ich gut vorbereitet bin. Ich will mich erst einmal über das Stück informieren.

♂♂♂

Zum Italiener? Da habe ich mir das letzte Mal den Magen verdorben!

♂♂♂

Tut mir leid, aber meine Freundin hat mich auf Diät gesetzt. Ich will euch den Abend im Restaurant nicht verderben.

♂♂♂

Kino? Meine neue Brille ist noch nicht fertig!

Warum ich keine Lust habe, auszugehen

Der Film ist mir zu intellektuell angelegt.
Dazu bin ich derzeit zu verkrampft!

♂♂♂

Der Film hat ja soo schlechte Kritiken –
dafür ist mir meine kostbare Zeit zu schade!

♂♂♂

Es gibt einen Naturfilm? Ich schaue mir so etwas lieber in Ruhe in gedruckter Form an.
Es gibt so hervorragende Bildbände!

♂♂♂

Der Film hat mit zu gute Kritiken – da bin ich immer misstrauisch. Erfahrungsgemäß sind solche Filme stinklangweilig!

♂♂♂

Ach nee, nicht in die Disco! Ich habe vom letzten Mal noch einen Gehörschaden!

♂♂♂

Ich kann nicht tanzen. Ich habe zwei linke Füße!
Dazu kommt noch mein wehes Knie!

Warum ich keine Lust habe, auszugehen

Ins Museum? Ich bin zurzeit so schlecht zu Fuß!

♂♂♂

Ich liebe Musik, aber ich gehe schon lange nicht mehr in Konzerte, weil ich in geschlossenen Räumen und bei Menschenansammlungen eine Phobie bekomme.
Ich höre mir das lieber zu Hause an.

♂♂♂

Ich würde ja gerne kommen, aber ich weiß nicht, ob meine Freundin Zeit hat und über ihren Kopf hin möchte ich keine Zusage machen.

♂♂♂

Schade, ausgerechnet heute!
Und da bekomme ich Besuch!

♂♂♂

Für das Wochenende habe ich mir gerade gestern ein Ticket nach London gekauft.
Warum habt ihr denn nicht früher was gesagt?

♂♂♂

Ach, wie schade, aber gerade habe ich mich anderweitig verabredet!

Warum ich am Wochenende mal allein sein will

Ich brauche mal eine Auszeit. Wenn wir dauernd aufeinanderhängen, weiß ich gar nicht zu schätzen, was ich an dir habe.

♂♂♂

Ich befinde mich in einer Phase der Selbstfindung. Dazu muss ich allein sein.

♂♂♂

Ich finde, du hast dir eine Erholung verdient. Deshalb lasse ich dich mal für ein paar Tage allein!

♂♂♂

Ohne Bildung geht gar nichts! Deshalb besuche ich ein Wochenendseminar!

♂♂♂

Ich will dir die Möglichkeit geben, mal zu testen, ob du überhaupt noch ohne mich klarkommst.

♂♂♂

Am Wochenende will ich mich von meiner Mutter mal richtig verwöhnen lassen. Und außerdem habe ich auch noch einen Kessel Buntes für sie.

Warum ich am Wochenende mal allein sein will

Ich muss mal unter Männern sein! Deshalb mache ich mit meinen Kumpels einen Wochenendausflug mit den Motorrädern und wir lassen es mal so richtig krachen! Frauen stören da nur!

♂♂♂

Meine Mutter wollte uns besuchen. Ich konnte das Unheil nur abwenden, indem ich ihr versprochen habe, am Wochenende zu ihr zu kommen. Und zwar allein!

♂♂♂

Ich brauche mal Abstand, um unsere Beziehung zu reflektieren!

♂♂♂

Ich möchte einfach mal nur gammeln und lesen und non-stop fernsehschauen.

♂♂♂

Stefan renoviert seine Wohnung und da muss ich ihm helfen. Er war ja auch da, als ich ihn brauchte. Der Einfachheit halber bleibe ich gleich das ganze Wochenende bei ihm.

Warum ich heiraten will

Meine Braut verdient eine Menge Geld.
Warum sollte sie das nicht mit mir teilen?

♂♂♂

Das dauernde Ausgehen mit ihr kostet mich ein Vermögen. Auf Dauer kommt die Ehe billiger.

♂♂♂

Ich bin es leid, dauernd eine Show abziehen zu müssen, nur um sie ins Bett zu kriegen. Wenn wir verheiratet sind, hat sie gar keine Wahl.

♂♂♂

Nach der letzten Gehaltskürzung kann ich mir keine Putzfrau mehr leisten.

♂♂♂

Die Heirat ist ein reines Rechenexemel.
Der Steuervorteil überzeugt.

♂♂♂

Ihrem Vater gehört die Firma, in der ich arbeite.
Wenn das kein Argument ist!

Warum ich heiraten will

Meine Zukünftige verdient doppelt so viel wie ich.
Bei einer Scheidung hätte ich ausgesorgt.

♂♂♂

So eine Granate wie meine Verlobte bekomme ich nie wieder. Da heißt es zugreifen, bevor es zu spät ist!

♂♂♂

Heiraten ist wieder in!
Und ich habe schon immer jeden Trend mitgemacht.

♂♂♂

Lästert ruhig – das ist der pure Neid! Ihr müsst erst mal eine finden, die auf euch hereinfällt.

♂♂♂

Ich will zu Hause ausziehen. Allein kann ich mir aber keine gescheite Wohnung leisten und irgendwer muss schließlich auch den Haushalt schmeißen.

♂♂♂

Ich will gar nicht, ich muss!

Warum ich heiraten will

Bei uns in der Firma haben
Verheiratete bessere Karrierechancen.

♂♂♂

Meine Braut ist Stewardess. Als ihr
Mann fliege ich für ganz kleines Geld!

♂♂♂

Sie ist so verliebt in mich, dass ich ihr keine Zeit lassen
möchte, sich anders zu besinnen.

♂♂♂

Irgendjemand muss sich um meine alten,
pflegebedürftigen Eltern kümmern.

♂♂♂

Ich finde es toll, wenn es zu Hause ordentlich ist und
das Essen auf dem Tisch steht, wenn ich heimkomme.

♂♂♂

Meine Zukünftige hat alle Eigenschaften,
die ich an meiner Mutter so schätze.

Warum ich heiraten will

Ich bin an den Wochenenden und an den Feiertagen immer so einsam.

♂♂♂

Welches Risiko gehe ich schon ein?
Wir machen einen knallharten Ehevertrag!

♂♂♂

Ich fühle mich in letzter Zeit nicht besonders wohl.
Da ist es schon besser, wenn man jemanden hat, der sich um einen kümmert und einen pflegt.

♂♂♂

Ich habe eine Menge Schulden.
Irgendwer muss die abarbeiten.

♂♂♂

In Wahrheit stehe ich auf meine Schwiegermutter.
Als ihr Schwiegersohn habe ich bessere Chancen, ihr näherzukommen.

♂♂♂

Ich brauche einen Kredit und die Banken vergeben den eher, wenn der Ehepartner mitbürgt!

Warum ich nicht heiraten will

Warum soll ich so viele schöne Frauen
wegen einer einzigen aufgeben?

♂♂♂

Im Hotel Mama habe ich es doch
viel besser und billiger!

♂♂♂

Ich kann nicht von morgens bis abends
eine Frau um mich herum haben.

♂♂♂

Jede vierte Ehe wird geschieden. Warum soll ich mein
gutes Geld für eine Hochzeit und
dann für die Scheidung ausgeben?

♂♂♂

Die Frau, die mir hundertprozentig gefällt,
muss erst noch geboren werden.

♂♂♂

Nur wenn ich Vater würde, würde ich heiraten.
Vorsorglich habe ich mich sterilisieren lassen.

Warum ich nicht heiraten will

Ehe – das ist doch die Abkürzung für:
„Erare humanum est“! (Irren ist menschlich.)

♂♂♂

Die Ehe ist die einzige Möglichkeit, den Dreißigjährigen Krieg noch mal zu Hause zu erleben.

♂♂♂

Das Geheimnis einer glücklichen Ehe besteht darin, dass man sich gegenseitig verzeiht, einander geheiratet zu haben. Es gibt Geheimnisse, die muss ich nicht ergründen!

♂♂♂

In der Ehe ist es wie mit der Elektrizität. Erst Starkstrom. Dann Schwachstrom. Dann Wechselstrom.

♂♂♂

Je länger man verlobt ist,
desto kürzer ist man verheiratet!

♂♂♂

Ich habe keine Lust, zu zweit Probleme zu haben,
die ich allein gar nicht gehabt hätte.

Warum ich nicht heiraten will

Was ist ein unverheirateter Mann? Ledig!
Und was ist ein verheirateter Mann? Erledigt!

♂♂♂

Manche Schwiegermütter sind wie Tageszeitungen;
sie erscheinen täglich. Das erspare ich mir!

♂♂♂

Ich wäre gern verheiratet,
aber nicht 24 Stunden täglich!

♂♂♂

Wenn Gott eine Frau wäre, hätten wir nicht zehn
Gebote, sondern tausend. Deshalb heirate ich nicht.

♂♂♂

Warum soll ich heiraten? Ich habe drei Freundinnen:
eine, die kocht und putzt. Eine, die reichlich Kohle hat.
Und eine, die ist eine Granate im Bett.
Der einzige Stress, den ich habe, ist der,
dass sich die drei niemals begegnen.

♂♂♂

Der einzige Mann, der wirklich nicht
ohne Frauen leben kann, ist der Frauenarzt.

Warum ich nicht heiraten will

Eine Frau muss in Gesellschaft eine Dame, in der Familie ein Engel und im Bett eine Hure sein. Wo zum Teufel findet man ein solches Wunderwesen?

♂♂♂

Lieber Glück in der Liebe als Pech in der Ehe!

♂♂♂

Tut mir leid, aber ich habe
soeben meine Homosexualität entdeckt!

♂♂♂

Alte Binsenweisheit: Der teuerste Weg mit
einer Frau zu schlafen ist die Ehe!

♂♂♂

Was macht eine Frau, wenn sie keine Lust mehr auf Sex hat? Sie heiratet! Ich habe aber noch jede Menge Lust!

♂♂♂

Lieber eine Träne zum Abschied
als für immer mit einer zusammen!

Warum ich nicht heiraten will

Hat man eine Ehefrau,
ist der Euro nur noch die Hälfte wert.

♂♂♂

Lebensgefährtin ist ein Wort,
das sich von Lebensgefahr ableitet.

♂♂♂

Frauen sind fabelhaft im Haushalten. Wenn sie den Ehemann verlassen, behalten sie das Haus!

♂♂♂

Zurzeit wird geheiratet wie verrückt. Da muss man höllisch aufpassen, dass man nicht in den vernichtenden Sog hineingerissen wird!

♂♂♂

Ich stehe auf einem trauten Heim,
in das ich mich heimtraue.
Eine Ehefrau macht das als Allererstes zunichte.

♂♂♂

Spätestens nach vier Wochen langweilt mich eine Frau.
Warum sollte ich heiraten?

Gesagt ist gesagt!

Der Mann erträgt die Ehe aus Liebe zur Frau. Die Frau erträgt den Mann aus Liebe zur Ehe.
(Gabriel Laub)

♦ ♦ ♦

Manche Männer sind dafür geschaffen, eines Tages glückliche Witwen zu hinterlassen.
(Robert Lembke)

♦ ♦ ♦

Der Traum der Männer wäre es,
den Frauen in die Arme zu sinken,
ohne ihnen gleichzeitig in die Hände fallen zu müssen.
(Jerry Lewis)

♦ ♦ ♦

Richtig verheiratet ist erst der Mann, der jedes Wort versteht, das seine Frau nicht gesagt hat.
(Alfred Hitchcock)

♦ ♦ ♦

Heiraten ist die einzige lebenslängliche Verurteilung,
bei der man auf Grund
schlechter Führung begnadigt werden kann.
(Alfred Hitchcock)

Gesagt ist gesagt!

Junggesellen wissen, dass man einer Frau nicht zu lange den Hof machen darf, weil man ihn sonst kehren muss.
(Peter Weck)

♦ ♦ ♦

Der Junggeselle ist ein Mann,
der lieber Socken stopft als Mäuler.
(Mario Adorf)

♦ ♦ ♦

Es gibt so viele schöne Frauen in dieser Stadt wie nirgendwo anders. Ein Ehemann, der hier treu ist, muss ein ziemlicher Trottel sein.
(Helmut Zilk, ehem. Bürgermeister von Wien)

♦ ♦ ♦

Die Ehe ist der Sonderfall eines Abonnements, das mehr Geld kostet, als wenn man einzeln zahlen müsste.
(Gabriel Laub)

♦ ♦ ♦

Das Joch der Ehe ist so schwer,
dass man zwei Personen braucht,
um es zu tragen – manchmal drei.
(Alexandre Dumas)

Gesagt ist gesagt!

Bigamie: eine Frau zu viel. Monogamie: dasselbe.
(Oscar Wilde)

♦ ♦ ♦

Die Ehe ist ein Anfall fleischlicher Umnachtung.
(Michael Niavarani)

♦ ♦ ♦

Ein Junggeselle ist ein Mann, der es vermeidet,
den gleichen Fehler ein erstes Mal zu machen.
(Mario Adorf)

♦ ♦ ♦

Man soll nur schöne Frauen heiraten.
Sonst hat man keine Aussicht, sie wieder loszuwerden.
(Danny Kaye)

♦ ♦ ♦

Nicht alle Verlobungen gehen gut aus.
Manche führen zur Ehe!
(Dieter Chmelar)

♦ ♦ ♦

Hochzeiten sind einer der
Hauptgründe für Ehescheidungen.
(Michael Douglas)

Gesagt ist gesagt!

Wer nur einer treu ist, ist gegen die anderen grausam.
(Wolfgang Amadeus Mozart)

♦ ♦ ♦

Im ersten Ehejahr strebt der Mann die Vorherrschaft an. Im zweiten kämpft er um die Gleichberechtigung. Im dritten ringt er um die nackte Existenz.
(George Bernard Shaw)

♦ ♦ ♦

Heute ist eine Ehe schon glücklich,
wenn man dreimal die Scheidung verschiebt.
(Danny Kaye)

♦ ♦ ♦

Die glücklichste Ehe, die ich mir vorstellen kann, ist die zwischen einem tauben Mann und einer blinden Frau.
(Samuel Taylor Coleridge)

♦ ♦ ♦

In der Ehe pflegt gewöhnlich immer einer der Dumme zu sein. Nur wenn zwei Dumme heiraten – das kann mitunter gut gehen.
(Kurt Tucholsky)

Warum ich ein Kind will

Ich finde, geniale Menschen sind geradezu verpflichtet, ihre Gene weiterzugeben!

♂♂♂

Eine Ehe ohne Kinder ist für mich keine Ehe. Wer keine Kinder will, sollte auch nicht heiraten.

♂♂♂

Meine Mutter will unbedingt Oma werden!

♂♂♂

Ein Mann, der kein Kind gezeugt hat, ist doch kein richtiger Mann!

♂♂♂

Ich will einen Erben! Wozu rackere ich mich sonst Tag für Tag ab?

♂♂♂

Ich war Einzelkind und habe mir immer Geschwister gewünscht.

♂♂♂

Ich folge stets meinen Urinstinkten. Und dazu gehört das Zeugen des Nachwuchses!

Warum ich ein Kind will

Mein Fußballverein ist schon wieder abgestiegen! Jetzt schaffe ich mir meine eigene Fußball-Elf!

♂♂♂

Ich bin sehr gläubig und Kinder sind schließlich ein Geschenk Gottes. Das hat ja sogar der Franz Beckenbauer erkannt!

♂♂♂

Meine Frau ist mir zu emanzipiert. Hat sie aber erst mal ein paar Rangen, bleibt sie garantiert brav zu Hause.

♂♂♂

Wenn ich nicht bald ein Kind zeuge, denken meine Skatbrüder am Ende noch, ich sei impotent!

♂♂♂

Ich sehe das sozial und politisch. Wer soll denn später unsere Renten bezahlen? Als veranwortungsbewusster Bürger tue ich mit der Zeugung eines Kindes lediglich meine Pflicht!

♂♂♂

Ich suche noch immer nach einer richtigen Herausforderung. Ein Kind ist sicher eine!

Warum ich ein Kind will

Der Gedanke, im Alter allein dazustehen, ist bedrückend.

♂♂♂

Als Familienvater kann ich meine soziale Komponente erst wirklich ausleben.

♂♂♂

Ich finde diese oberflächlichen Schickimickis und diese karrieregeilen, egozentrischen Kerle ätzend. Weil ich mich von denen deutlich abheben will, werde ich jetzt Vater!

♂♂♂

Eine Ehe ohne Kinder ist wie ein Himmel ohne Sterne!

♂♂♂

Ich will mir im Alter nicht den Vorwurf machen müssen, etwas Wesentliches in meinem Leben versäumt zu haben.

♂♂♂

Mir ist es wichtig zu beweisen, dass man nicht solche Erziehungsfehler machen muss wie die, die meine Eltern an mir verbrochen haben.

Warum ich ein Kind will

Kinder sind ein Zeichen der Liebe. Wie sonst soll ich meiner Frau meine Zuneigung beweisen?

♂♂♂

Meine Frau hat keine Hobbys und langweilt sich so. Mit einem Kind sieht die Welt gleich ganz anders aus.

♂♂♂

Ich habe keine Lust mehr, zu arbeiten. Also höre ich auf unsere Familienministerin, bleibe daheim, kümmere mich um den Nachwuchs und kassiere vom Staat die Kohle, die mir zusteht!

♂♂♂

Mit einem Sohn könnte ich super mit meiner elektrischen Eisenbahn spielen.

♂♂♂

Mit einem Kind hole ich mir meine Jugend zurück!

♂♂♂

Ich bin ganz versessen darauf, mein Wissen und meine Talente weiterzugeben.

Warum ich kein Kind will

Ohne Kinder fehlt mir nichts,
aber mit eine ganze Menge.

♂♂♂

Wozu brauche ich ein Kind? Ich habe doch einen Hund!

♂♂♂

Viele kriegen Kinder, weil sie glauben, im Alter nicht allein zu sein. Irrtum: Auf Kinder kann man sich nicht verlassen! Ich spare lieber das Geld, das mich ein Kind kosten würde, und verbringe meine alten Tage dann standesgemäß in der Karibik.

♂♂♂

Ich brauche nicht auch noch ein Kind! Ich habe jetzt schon genug Ärger in meiner Ehe.

♂♂♂

Weltwirtschaftskrise, Umweltkatastrophe, Aids, Jugendkriminalität und Komasaufen – was hat ein Kind heute noch für Perspektiven?

♂♂♂

Ein Kind raubt einem den Schlaf und fürs Büro muss ich nun mal total ausgeschlafen sein.

Warum ich kein Kind will

Es gibt Menschen, die sollten sich nicht vermehren und dazu gehöre ich!

♂♂♂

Wenn ich mir vorstelle, das Kind käme nach meiner Schwiegermutter – unvorstellbar!

♂♂♂

Ich bin bei meiner Frau die Nummer Eins und das will ich auch bleiben!

♂♂♂

Meine Frau und ich gehen uns schon genug auf die Nerven. Was soll da noch ein Kind?

♂♂♂

Ich verausgabe mich schon total damit, der liebe Onkel meiner Neffen und Nichten zu sein.

♂♂♂

Ich habe ja jetzt schon kaum Zeit für meine Hobbys. Mit Kind mutiere ich zum totalen Langweiler.

Warum ich kein Kind will

Gegen verschissene Windeln bin ich allergisch.

♂♂♂

Dieses Kleinkindergebrabbel unterfordert mich geistig und geistige Ausfälle kann ich mir in meinem Job nicht leisten.

♂♂♂

Ich bin mental nicht gut drauf. Wenn ich an einen Nachkommen denke, kommt mir automatisch der Gedanke meiner eigenen Sterblichkeit. Das macht mich total depressiv.

♂♂♂

Kinder muss man dauernd herumtragen. Ich habe einen inoperablen Bandscheibenvorfall. Das kann ich mir schlicht nicht zumuten und meine Frau will nur dann ein Kind, wenn sie mit meiner vollen Unterstützung rechnen kann.

♂♂♂

Wer weiß, ob unsere Ehe gut geht. Ich will keine Scheidungskinder in die Welt setzen.

♂♂♂

Ich liebe Kinder. Und so soll es bleiben!

Warum ich kein Kind will

In den heutigen Lotterzeiten weiß man ja nie, ob das Kind überhaupt das eigene ist. Lieber von vornherein gar kein Kind als ein Kuckucksei.

♂♂♂

Ich finde Babys und Kleinkinder supersüß. Aber leider werden die größer und dann kann ich mit denen überhaupt nichts anfangen.

♂♂♂

Meine Frau und ich wollen erst einmal die Basis schaffen: Beruf, Haus, Boot, Pferde und reichlich Geld auf dem Sparbuch. Wenn wir dann noch jung genug sind, denken wir über Nachwuchs nach.

♂♂♂

Ich mag Kinder, besonders mit Senf und Ketchup!

♂♂♂

Warum sollen ausgerechnet wir Kinder bekommen? Es gibt doch schon genug Kinder auf dieser Welt!

♂♂♂

Ich finde, es ist noch viel zu früh, über Kinder nachzudenken.

Warum ich kein Kind will

Für Kinder fühle ich mich noch zu jung.

♂♂♂

Spricht man nicht vom Kind im Manne?
Also ich bin im tiefsten Innern noch immer ein Kind;
da brauche ich nicht noch ein zweites.

♂♂♂

Ich komme ja nicht einmal mit mir selbst klar, wie denn dann mit einem Kind?

♂♂♂

Als Vater bin ich für Frauen
irgendwie weniger attraktiv.

♂♂♂

Ich habe panische Angst, irgendwann einmal alleinerziehender Vater zu sein. Da lass ich gleich von Anfang an die Finger weg!

♂♂♂

Schon mal darüber nachgedacht,
warum es „Verhütung" heißt? Na also!

Warum ich kein Kind will

Mit Kind hätte ich nur noch wenig Zeit für meine Frau und für meine Freundin schon gar nicht!

♂♂♂

Ich trage schon genug Verantwortung im Büro! Kinder würden mich total überfordern.

♂♂♂

Haltet mich ruhig für einen karrieregeilen Egomanen. Damit kann ich gut leben.

♂♂♂

Wir können dem Kindermachen nun mal mehr abgewinnen als dem Kinderkriegen.

♂♂♂

Ich investiere lieber in meine eigene Ausbildung!

♂♂♂

Ich fühle mich zu alt für ein Kind. Kinder sollte man bekommen, wenn man selbst noch kindisch genug ist – aber mit Mitte Dreißig?

♂♂♂

Meine Frau will keine Kinder.

Warum ich kein Kind will

Das einzig tolle an meiner Frau ist ihre Figur. Ist die dann auch noch hin, dann steh' ich nicht mehr auf sie!

♂♂♂

Vielleicht adoptieren wir mal eins.

♂♂♂

Weder die Eltern meiner Frau noch die meinen haben aber auch nur ansatzweise Lust, bei uns den Babysitter zu spielen. Gut, dann werden sie eben keine Großeltern!

♂♂♂

Ich kann die Designerklamotten meiner Frau schon kaum bezahlen, wie denn dann die sündhaft teuren Markenklamotten für Kids?

♂♂♂

Kinder zu haben, ist eine seriöse Sache.
Ich bin nicht seriös genug.

♂♂♂

Ich bin viel zu oberflächlich für ein Kind!

Warum ich kein Kind will

Ich kann mir meine Frau kaum leisten.
Wie soll ich denn da noch ein Kind finanzieren?

♂♂♂

Ich kann nicht mit einer Mutter schlafen.

♂♂♂

Die optischen Nachteile einer Schwangerschaft frustrieren mich zu sehr. Ich fürchte, dass ich meine Frau als werdende Mutter nicht mehr sexy finde!

♂♂♂

Ich will ja Kinder,
aber mein Bankkonto ist strikt dagegen!

♂♂♂

Meine Mutter will nicht Großmutter werden; sie findet, das mache sie entschieden zu alt!

♂♂♂

Für Kinder ist unsere Wohnung zu klein und für eine größere Wohnung reicht unser Budget nicht!

Warum ich heute keine Lust auf Sex habe

Schon wieder Sex?
Hältst du mich für eine Maschine!

♂♂♂

Du willst Sex?
Ist denn schon wieder Mittwoch?

♂♂♂

Nach der Sportschau bin ich immer so ausgelaugt.

♂♂♂

Ich bin derzeit mit unserer Steuererklärung beschäftigt. Du, da vergeht einem jede Lust!

♂♂♂

Mit schönen Frauen kann ich nicht!

♂♂♂

Heute nehme ich mir mal eine Migräne!

♂♂♂

Ich finde dich so toll, dass ich plötzlich völlig verunsichert bin, warum du ausgerechnet mit mir in die Kiste willst.

Warum ich heute keine Lust auf Sex habe

Ich habe zu viel getrunken, da geht gar nichts mehr!

♂♂♂

Meine Viagra-Nachbestellung ist noch nicht eingetroffen.
Du musst dich noch ein paar Tage gedulden.

♂♂♂

Ich will erst mal das Ergebnis
von meinem Aids-Test abwarten.

♂♂♂

Wir sind doch gute Freunde!
Sex macht so eine Beziehung nur kaputt!

♂♂♂

Mein Penis ist heute so klein!

♂♂♂

Ich habe heute den ganzen Tag zu enge Jeans getragen.
Mein Penis kann sich nicht richtig entfalten!

Warum ich heute keine Lust auf Sex habe

Ich habe nur ganz kurz Zeit,
gleich kommt Fußball!

♂♂♂

Lass uns den Sex verschieben,
ich leide heute unter Muskelschwäche!

♂♂♂

Ich habe gerade eine SMS von meinem Chef bekommen,
ich muss noch mal zurück ins Büro!

♂♂♂

Ich habe Angst vor starken Frauen!

♂♂♂

Du bist mir heute so fremd.
Und ich gehe nicht fremd!

♂♂♂

Gerade von dir hätte ich mehr Verständnis erwartet!

♂♂♂

Ich bin blutarm. Du weißt ja,
da schwillt dann gar nichts mehr an!

Warum ich heute keine Lust auf Sex habe

Wegen dem Stress im Büro leide ich derzeit unter vorzeitigem Samenerguss. Das will ich dir nicht zumuten.

♂♂♂

Ich leide unter Vitaminmangel. Das macht sich leider auch in der Hose bemerkbar.

♂♂♂

Du willst mit mir schlafen?
Sorry, da habe ich dich gründlich missverstanden.
Jetzt bin ich mental nicht mehr drauf.

♂♂♂

Ich würde ja gerne mit dir schlafen,
aber ich reagiere allergisch auf Blondinen.

♂♂♂

Ist es bei dir auch das erste Mal?

♂♂♂

Ich habe meiner Frau versprochen, heute mal pünktlich nach Hause zu kommen.

Warum ich heute keine Lust auf Sex habe

Klar, schlafe ich mit dir. Ich hatte heute schon drei Frauen, auf eine mehr oder weniger kommt es da nun wirklich nicht mehr an!

♂♂♂

Komisch, heute mache ich mir überhaupt nichts aus Sex.

♂♂♂

Ich muss dauernd an die liegengebliebene Büroarbeit denken. Für Sex fehlen mir echt die Impulse.

♂♂♂

Bist du sexsüchtig? Wir haben doch erst letzte Woche miteinander geschlafen!

♂♂♂

Wenn du die ganze Arbeit machst und ich dabei ein bisschen dösen kann – gerne!

♂♂♂

Natürlich gehe ich mit dir ins Bett. Ich bin auch totmüde.

Warum ich heute keine Lust auf Sex habe

Ich habe mir gestern bei der letzten Kamasutra-
Stellung den Knöchel verknackst.
Ich brauche dringend Schonzeit.

♂♂♂

Deine ausgefallenen Wünsche
kann ich heute nicht befriedigen.
Bei den letzten dämlichen Verrenkungen
habe ich mir den Rücken verbogen.

♂♂♂

Tut mir echt leid,
aber ich bin dir nicht gewachsen!

♂♂♂

Wir sind einfach nicht füreinander bestimmt.

♂♂♂

Ich bin kein Mann für eine Nacht!

♂♂♂

Ich bin streng katholisch:
kein Sex vor der Ehe!

Warum ich heute keine Lust auf Sex habe

Ich übe mich derzeit in Enthaltsamkeit.

♂♂♂

Sex? Ich muss morgen früh raus!

♂♂♂

Ich bin so schlecht im Bett,
das muss man sich wirklich nicht antun.

♂♂♂

Ich bin es nicht gewohnt,
unter einer Frau zu arbeiten.

♂♂♂

Weniger ist mehr, meine Liebe!

♂♂♂

Selbst ich brauche mal eine Ruhepause!

♂♂♂

Jeden Tag Sex lässt doch das Ganze zur Routine
werden. Da ist bei uns schneller die Luft raus,
als du denkst!

Warum ich heute keine Lust auf Sex habe

Es gibt zwei große Enttäuschungen im Leben eines Mannes: Das erste Mal, wenn es das zweite Mal nicht mehr klappt. Und das zweite Mal, wenn es das erste Mal nicht mehr klappt. Ich will einfach nicht enttäuscht werden!

f♂♂♂

Ich bin so müde, dass ich unmöglich aufpassen kann. Wenn du das Risiko eingehen willst – bitte!

♂♂♂

Dauernd muss ich ran – wie ein Zuchtbulle! Ich verliere ja jegliche Selbstachtung!

♂♂♂

Sorry, aber ich habe keine sicheren Kondome mehr. Die, die ich noch habe, haben ein Loch.

♂♂♂

Wir müssen sparen – und das gilt für alle Bereiche!

♂♂♂

Du hast so viel gegessen und ich schlafe nicht gern auf vollem Bauch!

Witzig, witzig ...

„Was ist Viagraoxyd?" „Lattenrost!"

☺☺☺

„Was ist der Unterschied zwischen einem Mann, der eine Flasche Whisky trinkt, und einem, der eine Packung Viagra schluckt?" „Der eine hat einen sitzen, dass er nicht mehr stehen kann. Der andere hat einen stehen, dass er nicht mehr sitzen kann!"

☺☺☺

„Zu welchem Arzt geht man, wenn man zu viel Viagra genommen hat?" „Zum Stabsarzt!"

☺☺☺

Zwei Penisse unterhalten sich. Sagt der eine: „Hast du schon gehört? Die AOK bezahlt jetzt doch unser Viagra!" Sagt der andere: „Siehst du, hab ich's doch gewusst; die lassen uns nicht hängen!"

☺☺☺

„Was bekommt man, wenn man eine Viagra in ein Glas mit heißem Wasser wirft?" „Einen steifen Grog!"

☺☺☺

„Warum hast du eigentlich Mutti geheiratet?" „Siehste", wendet sich der Mann an seine Frau, „nicht einmal die Kinder verstehen das!"

Witzig, witzig ...

„Was ist eine Super-Viagra?" „Eine Erektionspille, die auch bei der eigenen Ehefrau wirkt."

☺☺☺

„Was hilft gegen eine Überdosis Viagra?" „Terpentin. Das macht selbst den härtesten Pinsel wieder weich."

☺☺☺

„Warum ist Viagra für einen Schwaben völlig unnütz?"
„Auswärts braucht er's nicht
und für daheim ist's ihm zu teuer."

☺☺☺

„Was ist der Unterschied zwischen Benzin und Vaseline?" „Benzin scheidet die Fette."

☺☺☺

„Was haben 365 benutzte Kondome
und ein Autoreifen gemeinsam?"
„In beiden Fällen gilt: It was a good year!"

☺☺☺

Welches Leiden kann nicht vererbt werden?
Die Impotenz.

☺☺☺

Was ist ein Kondom mit Loch? Eine Kinderüberraschung!

Warum ich heute Abend noch in die Kneipe muss

Ohne mein Bierchen in meiner Stammkneipe
wird der Tag nicht rund!

♂♂♂

Übung macht den Meister! Um trinkfest zu werden,
habe ich noch viel zu tun!

♂♂♂

Ich bin nunmal süchtig nach dem Mief in meiner Kneipe.

♂♂♂

Du bist doch bloß eifersüchtig auf meine Kumpels!

♂♂♂

Jeder hat so seine Rituale! Du gehst gerne in die
Badewanne und ich halt in die Kneipe!

♂♂♂

Wenn ich am Abend meine Kumpels nicht
gesehen habe, fehlt mir etwas.
Dafür bin ich doch die ganze Nacht bei dir!

Warum ich heute Abend noch in die Kneipe muss

Du machst mich mit deinem ewigen Haushaltsgequassel ganz verrückt. Ich muss mal auf andere Gedanken kommen!

♂♂♂

Ich muss mal für ein paar Stunden raus aus der Tretmühle!

♂♂♂

Ich hab` noch einen Deckel in der Kneipe, den muss ich bezahlen!

♂♂♂

Du willst ja nicht, dass meine Skatbrüder zu uns nach Hause kommen. Da muss ich ja zwangsläufig in die Kneipe! Das tue ich ja nur dir zuliebe!

♂♂♂

Mit Bier vom Fass kannst du ja leider nicht aufwarten!

♂♂♂

Ich brauche ab und zu das Gespräch unter Männern!

Warum ich heute Abend noch in die Kneipe muss

Werner hat mir gestern fünf Bier spendiert, davon habe ich nur drei geschafft. Den Rest erledige ich heute!

♂♂♂

Du kannst ja gerne mitkommen, aber du musst dich mit dir selbst beschäftigen!

♂♂♂

Mein Freund Freddy hat Probleme.
Ich habe ihm versprochen,
dass wir die heute Abend ertränken werden.

♂♂♂

Du bleibst besser zu Hause; ich will nicht,
dass dich meine Kumpels anmachen.
Ich bin eben sehr eifersüchtig!

♂♂♂

Das Fußballspiel heute wird nur in „Premiere" übertragen. Da du ja immer dagegen warst, dass ich mir den Sender anschaffe, bin ich gezwungen, in die Kneipe zu gehen, um Fußball zu schauen.

Witzig, witzig ...

„Sagen Sie – die ganze Woche sitzen Sie im Wirtshaus. Warum kommen Sie eigentlich nicht auch am Sonntag?" „Der Sonntag gehört meiner Familie. Da sitze ich vor dem Fernseher!"

☺☺☺

Vergeblich versucht ein Betrunkener, mit einem Zahnstocher eine Olive aus seinem Martiniglas herauszufischen. Nach einiger Zeit wird der Barkeeper nervös, nimmt den Zahnstocher und holt sie mit einem einzigen Stich aus dem Glas. „So geht das, mein Lieber!" „Kunststück!", murmelt der Betrunkene, „Jetzt, wo ich sie mürbe gemacht habe!"

☺☺☺

Willi am Stammtisch zu seinen Freunden: „Beim Bier ist es wie in der Politik. Man merkt erst hinterher, welche Flaschen man gewählt hat."

☺☺☺

„Weißt du, was Frauen nicht leiden können?" „Wenn Männer einen hängen haben."

☺☺☺

„Was passiert, wenn sich eine Frau in der Kneipe an einen Mann anlehnt?" „Er fällt um."

Witzig, witzig …

Zwei Kumpels mit Gipsbein begegnen sich.
„Abfahrtslauf?", fragt der eine.
„Nein, Barhocker", sagt der andere.

☺☺☺

Betrunken torkelt er in die Wohnung und wütend will seine Frau von ihm wissen: „Kannst du mir überhaupt noch ins Gesicht sehen?" „Ach Gott", meint er, „man gewöhnt sich an alles."

☺☺☺

Hannes und Freddy haben sich ordentlich einen hinter die Binde gegossen und torkeln aus der Kneipe. Unterwegs begegnen ihnen zwei junge Damen. Sagt die eine zur anderen: „Schau mal, wie die einen hängen haben." Grinst Hannes und sagt zu Freddy: „Komische Weiber! Die können sogar durch die Klamotten sehen."

☺☺☺

Der Wirt zum Gast: „Du hast gestern ein Bier zu wenig bezahlt." „Wie schnell sich das herumspricht", staunt der Gast. „Als ich gestern nach Hause fuhr, meinte der Polizist, ich hätte wohl ein Bier zu viel getrunken."

Warum ich so spät nach Hause komme

Ich war so geschafft vom Büro, dass ich im Bus eingeschlafen und erst an der Endstation wieder aufgewacht bin. Tja, und da musste ich den ganzen Weg wieder zurückfahren!

♂♂♂

Der Taxifahrer war wohl noch ganz unerfahren. Er kannte den Weg zu unserem Stadtteil nicht. Als ich das merkte, waren wir schon zwanzig Kilometer außerhalb.

♂♂♂

Ich bin heute extra eine andere Strecke gefahren von der ich dachte, sie sei kürzer. Tja, das war wohl ein Schuss in den Ofen ...

♂♂♂

Soll ich nun Karriere machen oder nicht? Der Chef war heute länger im Büro, da ist doch klar, dass ich aus taktischen Gründen auch geblieben bin.

♂♂♂

Der Chef hat mich noch mal zu sich ins Büro gerufen. Er hat wohl Größeres mit mir vor.

Warum ich so spät nach Hause komme

Herr Weber hat heute nach Büroschluss seinen Ausstand (Einstand) gegeben. Da nicht hinzugehen, wäre total unkollegial gewesen.

♂♂♂

Ich war noch kurz bei Rainer. Der ist richtig neidisch, dass ich eine so tolerante Frau zu Hause habe.

♂♂♂

Ich finde es toll, dass du mir meine Freiheit lässt. Mit einer Frau, die mich dauernd fragt, wo ich herkomme, könnte ich nicht zusammensein.

♂♂♂

Gott, bin ich froh, dass du nicht eine von den Spießerinnen bist, die wegen einem bisschen Zuspätkommen gleich eine Szene macht.

♂♂♂

Ich hatte völlig vergessen, dass heute unser Betriebsfest war. Ich hatte meine Sekretärin gebeten, dich anzurufen und Bescheid zu sagen.
Hat sie das denn nicht getan?

Warum ich so spät nach Hause komme

Charly hat mich angerufen und gebeten, zu ihm zu kommen. Er hatte schon wieder Zoff mit seiner Frau und ich musste den Krach schlichten. Bin ich froh, dass wir so gut harmonieren.

♂♂♂

Gut, ich kaufe uns ein Mikrowellengerät. Dann kann ich mir mein Essen selbst aufwärmen und du hast keinen Frust, weil du mit dem Essen auf mich warten musst.

♂♂♂

Du hattest heute früh eine derartig miese Laune, dass ich keine Lust hatte, so früh nach Hause zu kommen.

♂♂♂

Ein Kollege hat mich aufgehalten und da habe ich die Bahn verpasst.

♂♂♂

Das Auto von Herrn Müller ist nicht angesprungen, da habe ich ihn nach Hause gefahren.

Warum ich so spät nach Hause komme

Es wurde kurzfristig ein Meeting anberaumt. Soll ich mich da inmitten der Kollegen hinstellen, dich anrufen und fragen, ob ich daran teilnehmen darf?

♂♂♂

Schon mal was von Überstunden gehört?

♂♂♂

Ich war noch im „La Luna" und habe für morgen Abend einen Tisch für uns bestellt. Als Giovanni mir einen Apéritif ausgeben wollte, konnte ich nicht widerstehen.

♂♂♂

Sorry, ich kann dir nicht sagen, warum ich zu spät komme, sonst ist die ganze Überraschung futsch.

♂♂♂

Ach, du bist schon zu Hause? Ich dachte, du hättest heute Gymnastik und habe deshalb länger gearbeitet.

♂♂♂

Wir hatten heute eine Steuerprüfung. Da war was los! Der Steuerprüfer hat uns Löcher in den Bauch gefragt.

Warum ich so spät nach Hause komme

Ich verstehe dich nicht: Bin ich zu früh dran, ist es nicht recht, komme ich später, ist es auch nicht recht. Soll einer wissen, wie er sich verhalten soll!

♂♂♂

Schatz, ich weiß nicht, warum du schimpfst. Ich wollte dir doch nur genug Zeit lassen, ein schönes Essen für uns zu kochen.

♂♂♂

Ich bin noch nie pünktlich heimgekommen. Wieso sollte ich dann ausgerechnet heute pünktlich sein?

♂♂♂

Lass mich einfach in Ruhe. Ich bin todmüde von der Arbeit und habe den ganzen Tag geredet. Jetzt sage ich kein Wort mehr!

♂♂♂

Ich musste mir auswärts noch ein bisschen Appetit holen, mein Schatz! Es hat gewirkt, denn jetzt geht's gleich ins Bettchen!

♂♂♂

Ich bin nicht zu spät, du bist zu früh!

Warum ich so spät nach Hause komme

Mein Computer ist abgestürzt und ich musste die Software neu installieren.

♂♂♂

Peter hat mich überredet, nach Büroschluss noch kurz mit in die Kneipe zu gehen. Da haben wir ein bisschen gewürfelt und ich hatte eine tolle Glückssträhne. Ist doch klar, dass ich die nach dem Frust im Büro auskosten musste.

♂♂♂

Ich wollte dich ja anrufen, aber der Kollege Schmidt hat versehentlich mein Handy eingepackt.

♂♂♂

Ich war nach Büroschluss in der Parfümerie und wollte dir einen schönen Duft kaufen. Da hat mich die Verkäuferin zu einer männerspezifischen Gesichtsbehandlung überredet. Und du weißt doch selbst, wie lange eine Kosmetikbehandlung dauert. Die war dann so teuer, dass kein Geld mehr für dein Parfüm übrig war.

♂♂♂

In der S-Bahn habe ich einen ehemaligen Kommilitonen getroffen. Wir haben spontan beschlossen, zusammen essen zu gehen.

Warum ich so spät nach Hause komme

Frau Müller, unsere Abteilungssekretärin ist krank. Da musste ich meine gesamte Korrespondenz selbst schreiben – und das im Zweifingersuchsystem!

♂♂♂

Bei uns im Büro ist das gesamte Computersystem zusammengebrochen. Da mussten wir alle warten, bis der Kundendienst kam und das wieder in Ordnung gebracht hatte.

♂♂♂

Wieso zu spät? Hast du vergessen, dass jeden Dienstag mein Skatabend ist?

♂♂♂

Ich kann doch das Fußballtraining nicht abbrechen, bloß weil du Sauerkraut und Rippchen auf dem Herd hast.

♂♂♂

Ich dachte, du bist mal ganz froh, wenn du etwas Zeit für dich hast und ich nicht dauernd um dich herumschwänzele.

Warum ich so spät nach Hause komme

Ich bin nur schnell nach Hause gekommen, um dich heute überhaupt einmal zu sehen. Wir haben zwei Stunden Pause, danach geht die Konferenz weiter. Die kann bis Mitternacht dauern.

♂♂♂

Meine Ex hat angerufen und mich gebeten, ihren tropfenden Wasserhahn zu reparieren. Das konnte ich ja wohl schlecht ausschlagen.

♂♂♂

Frau Weber hat uns nach Büroschluss die Fotos von ihrer Hochzeitsreise auf die Malediven gezeigt und uns erzählt, wie es war. Das muss so toll gewesen sein, da fahren wir auch mal hin.

♂♂♂

Ich war Zeuge eines Autounfalls und musste auf die Polizei warten, die mich dann noch endlos befragt hat.

♂♂♂

Zu spät? Meine Güte, wie die Zeit vergeht!

♂♂♂

Und ich habe mich doch so beeilt!

Warum ich so spät nach Hause komme

Tut mir leid, dass ich zu spät komme, Liebling,
aber im Puff war Feueralarm!

♂♂♂

Der Aufzug im Büro war kaputt und
ich musste vom 18. Stock bis nach unten laufen.
Da bekam ich dann einen Schwächeanfall.

♂♂♂

Wegen einer geistigen Verwirrung wusste ich
plötzlich nicht mehr, wo wir wohnen.
Bis ich die Orientierung wiedergefunden habe,
muss wohl einige Zeit vergangen sein.

♂♂♂

Ich hatte einen plötzlichen Anfall von
Persönlichkeitsspaltung. Die eine Person wollte zu dir
nach Hause, die andere in die Kneipe. Nach einigem Hin
und Her gingen wir in die Kneipe,
denn der Klügere gibt nach!

♂♂♂

Du leidest unter Kontrollzwang und solltest unbedingt
ärztliche Hilfe in Anspruch nehmen.

Warum ich weder geflirtet habe, noch fremdgegangen bin

Was, ich starre anderen Frauen nach? Da bist du aber auf dem Holzweg! Ich war lediglich in Gedanken, was wir deiner Mutter zum Geburtstag schenken könnten.

♂♂♂

Ich habe gerade gedacht, was für eine kleidsame Frisur du hast. Die Blonde eben hatte echt eine unmögliche Mähne. Waren das Extentions?

♂♂♂

Du hast meinen Blick völlig falsch verstanden.
Ich dachte, ich hätte meinen
Freund Peter da hinten gesehen.

♂♂♂

Kann es sein, dass du eine Neurose hast?
Ich habe keiner Frau hinterhergeschaut
und auch mit keiner geflirtet!

♂♂♂

Was für eine vollbusige Blondine?
Ich habe keine gesehen!

Warum ich weder geflirtet habe, noch fremdgegangen bin

Die Dunkelhaarige da? Habe ich gar nicht bemerkt! Aber so sexy Klamotten würden dir auch gut stehen!

♂♂♂

Ich gebe zu, ich habe der Blonden nachgeschaut. Die hatte einen so unnatürlich großen Vorbau, der war garantiert unecht. Ich finde diese operierten, aufgeblasenen Tussis total ätzend. So eine Hand voll Busen, wie du ihn hast, ist doch viel ästhetischer und sexy noch dazu.

♂♂♂

Klar habe ich der Frau nachgeschaut! Ich freue mich über jeden Menschen, der gut aussieht.

♂♂♂

Ich habe mir gerade überlegt, wen ich attraktiver finde – diese Rothaarige oder dich. Ganz klar: Die Rothaarige hat Klasse, aber gegen dich ist die völlig unscheinbar.

♂♂♂

Ich soll mit dieser Frau geflirtet haben? Du hast wirklich Halluzinationen!

Warum ich weder geflirtet habe, noch fremdgegangen bin

Ich hab gerade daran gedacht, dass du in so einem kurzen Mini, wie ihn die Blonde da trägt, ganz toll aussehen würdest.

♂♂♂

Ich – und mit einer Anderen flirten? Mach dich doch nicht lächerlich!

♂♂♂

Hast du Minderwertigkeitskomplexe? Wenn ich dich nicht so einzigartig finden würde, wäre ich dann mit dir zusammen?

♂♂♂

Ich habe mit niemandem geflirtet! Im Gegenteil – die Frau da hat mit mir geflirtet!

♂♂♂

Also, beruhige dich mal. Du hast einen attraktiven Mann geheiratet, ist doch klar, dass da mal 'ne Frau nach mir schaut. Du solltest lieber stolz sein!

♂♂♂

Bleib doch mal sachlich! Was sollte diese tolle Frau an einem Typen wie mir finden?

Warum ich weder geflirtet habe, noch fremdgegangen bin

Keine Sekunde habe ich mit dieser Frau geflirtet! Das wäre reine Zeitverschwendung! Bei so einem steilen Zahn hätte ich überhaupt keine Chancen!

♂♂♂

Aber Schatz! Du weißt doch, den Appetit holt man sich auswärts, gegessen wird zu Hause!

♂♂♂

Ja klar habe ich die Brünette da drüben angestarrt. Ich dachte, das ist Cindy Crawford. Findest du nicht auch, dass sie das sein könnte oder zumindest eine Doppelgängerin?

♂♂♂

Gegen dich hat keine Frau der Welt eine Chance! Aber du wirst verstehen, dass ich das immer wieder mal nachprüfen muss.

♂♂♂

Nee, nee, komm mir bloß nicht so! Ich – und flirten! Das kann ich doch überhaupt nicht!

♂♂♂

Mit der? Die war mir viel zu hässlich!

Warum ich weder geflirtet habe, noch fremdgegangen bin

Also, wenn das Flirten gewesen sein soll, was machst du denn dann die ganze Zeit mit dem Typen da drüben an der Bar?

♂♂♂

Das müsstest du doch wissen: Ich kann allem widerstehen, selbst der größten Versuchung!

♂♂♂

Ich rieche nach einem fremden Parfüm? Logisch, ich war bei Douglas und habe verschiedene Düfte getestet, weil ich dir etwas Schönes mitbringen wollte. Leider konnte ich mich nicht entscheiden.

♂♂♂

Das war kein Fremdgehen, sondern eine rein berufliche Angelegenheit. Du weißt ganz genau, dass ich auf der Karriereleiter nur dann vorankomme, wenn ich für die Chefin allzeit parat bin.

♂♂♂

Das war wirklich keine Absicht!

Warum ich weder geflirtet habe, noch fremdgegangen bin

Du weißt doch, dass ich dir total hörig bin. Ich kann gar nicht mehr mit einer anderen Frau. Da bin ich impotent!

♂♂♂

Jetzt bin ich aber enttäuscht!
Wie kannst du nur so etwas von mir annehmen?

♂♂♂

Das war nicht ich! Da ist ein mir völlig unbekannter Teil meiner Persönlichkeit zum Zuge gekommen.
Ich war schlicht fremdbestimmt!

♂♂♂

Habe ich dir nicht die Treue bis zum Ende meiner Tage geschworen? Na also!

♂♂♂

Du hast ja eine wirklich schmutzige Fantasie!
Ich bin doch kein Mann für eine Nacht!

♂♂♂

Ich soll mit dieser Frau geschlafen haben?
Danke für das Kompliment!

Warum ich weder geflirtet habe, noch fremdgegangen bin

Na, hör mal! Ich lasse mich doch nicht von einer völlig fremden Frau für einen One-Night-Stand benutzen!

♂♂♂

Ich habe die Unterhose falsch rum an?
Okay, dann war das heute früh auch schon so!

♂♂♂

Ich bin definitiv nicht fremdgegangen.
Ich kenne die Babsi noch aus dem Kindergarten!

♂♂♂

Wissentlich habe ich überhaupt nichts gemacht. Da hat mir jemand irgendwas ins Bier gekippt, einen Scharfmacher oder so etwas Ähnliches.

♂♂♂

Kann es sein, dass du nur von dir ablenken willst, indem du mich beschuldigst?

♂♂♂

Du weißt doch,
dass ich ein Feigling bin!

Warum ich weder geflirtet habe, noch fremdgegangen bin

Ich habe nicht freiwillig mit Uschi geschlafen!
Ich wurde vergewaltigt!

♂♂♂

Ich habe nichts mit meiner Kollegin! Sie hat mich gebeten, bei ihr zu Hause den Computer zu installieren. Das war schwierig und hat halt die halbe Nacht gedauert!

♂♂♂

Gerade von dir hätte ich mehr Toleranz erwartet!

♂♂♂

Zugegeben, ich war bei Frau Müller, um ihr noch ein paar Akten zu bringen. Da wurde mir plötzlich schwindlig und ich habe für einen Moment die Beine hochgelegt. Da muss ich wohl eingeschlafen sein.

♂♂♂

Du hast ja eine blühende Fantasie!
Du solltest Romane schreiben!

♂♂♂

Du bist doch auch kein Kind von Traurigkeit!

Warum ich weder geflirtet habe, noch fremdgegangen bin

Ich war heute Nacht bei meinem Kollegen. Den haben sie gefeuert und der brauchte Trost. Ich war dann irgendwann so blau, dass ich mich nicht mehr getraut habe, nach Hause zu kommen.

♂♂♂

Da kümmere ich mich mal um meinen Freund und schlage mir dabei die Nacht um die Ohren und du hast nichts Besseres zu tun, als mich auf das Übelste zu verdächtigen!

♂♂♂

Du willst mich angerufen haben und da war eine Frau am Apparat? Mich hat niemand angerufen!

♂♂♂

Ich soll fremdgehen? Lächerlich, ich bin ja schon beim Sex mit dir völlig überfordert, wie soll ich da noch eine zweite Frau befriedigen können!

♂♂♂

Du solltest froh sein, dass ich nicht zu diesen langweiligen Nesthockern gehöre und ab und an mal etwas unternehme.

Warum ich weder geflirtet habe, noch fremdgegangen bin

Ja, ich war in Paris. Aber nicht, wie du annimmst, mit meiner Kollegin, sondern mit meinem Kollegen! Das ist ein feiner Unterschied. Du kannst ja gern im Hotel anrufen und das nachprüfen!

♂♂♂

Wie der Lippenstift an mein Hemd kommt? Ganz einfach: Ich habe Frau Müller heute zum Geburtstag gratuliert und sie leicht umarmt. Da ist sie mit dem Schuh umgeknickt und mit ihren Lippen an meinen Kragen gekommen. So einfach ist das!

♂♂♂

Ich war so blau, dass ich dachte, das wärst du, die ich da in meinen Armen halte. War das ein Schreck heute früh, als ich aufwachte und eine völlig Fremde neben mir lag!

♂♂♂

Also, das hatte mit Liebe doch überhaupt nichts zu tun!

♂♂♂

Ich war total macht- und willenlos!
Ich glaube, das lag an meinen Tranquilizern.

Warum ich weder geflirtet habe, noch fremdgegangen bin

Ich bin mir keiner Schuld bewusst. Ich war in Trance und weiß jetzt von nichts mehr!

♂♂♂

Seit gestern glaube ich an Hexen. Da war auf der Party eine, die hat mich völlig verhext. Ich habe plötzlich Dinge getan, die würde ich sonst nie tun!

♂♂♂

Ich glaube, du siehst Gespenster! Möglicherweise ist die Doppelbelastung Büro und Haushalt doch zu viel für dich!

♂♂♂

Du machst mir Spaß! Ich verbringe die Nacht bei der Polizei in der Ausnüchterungszelle und du denkst, ich sei fremdgegangen!

♂♂♂

Selbst wenn ich vorgehabt hätte, dich zu betrügen, es ging gar nicht, ich hatte gar keine Kondome dabei!

♂♂♂

Du hast ja immer Kopfschmerzen!

Warum ich weder geflirtet habe, noch fremdgegangen bin

Ich habe gestern bis Mitternacht im Büro gesessen und bin dann glatt am Schreibtisch eingeschlafen. Mir ein Verhältnis mit meiner Sekretärin zu unterstellen, ist eine bodenlose Unverschämtheit!

♂♂♂

Du scheinst mich ja für einen wilden Hengst zu halten! Wo soll ich denn nach einem anstrengenden Bürotag bitte noch die Kraft für eine andere Frau hernehmen? Ich schlafe ja schon bei der Tagesschau vor der Glotze ein.

♂♂♂

Was, du unterstellst mir, dass ich mit einer anderen Frau ein Verhältnis habe? Dafür entschuldigst du dich aber!

♂♂♂

Ich bin nicht öfter nachts weg als früher, du bist nur öfter zu Hause!

♂♂♂

Toll, dass du mir das zutraust!

Warum ich weder geflirtet habe, noch fremdgegangen bin

Na hör mal, ich gehe doch nicht fremd!
Ich surfe doch nur!

♂♂♂

Je mehr Freiheiten du mir einräumst, desto geringer ist die Gefahr, dass ich dich betrüge.

♂♂♂

Ich bin nun mal so beliebt bei den Frauen! Ich kann wirklich nichts dafür, wenn sie mir hinterherlaufen!

♂♂♂

Ich bin nicht fremdgegangen, ich war heute Nacht sozusagen auf Schulung. Ich habe einfach Angst, dass ich dir im Bett zu langweilig werde und informiere mich. Du weißt doch: Man lernt ein Leben lang!

♂♂♂

Ich bin nicht fremd-, sondern bekanntgegangen, meine Liebe! Und das ist ja nun ein gewaltiger Unterschied!

Warum ich weder geflirtet habe, noch fremdgegangen bin

Das ist doch nur natürlich, dass ich mich für Frauen interessiere. Wäre es dir vielleicht lieber, wenn ich Männer anziehend fände?

♂♂♂

Bislang bin ich noch jeden Abend nach Hause zu dir gekommen. Erst, wenn das nicht mehr der Fall ist, solltest du dir Sorgen machen!

♂♂♂

Ich weiß nicht, was du hast, ich bin zwölf Stunden an Tag bei dir zu Hause. Den Rest der Zeit verbringe ich im Büro. Wann bitte soll ich dann noch meine angebliche Geliebte treffen?

♂♂♂

Wenn ich zu Hause bin, meckerst du. Bin ich nicht da, denkst du dir die tollsten Sachen aus. Wie hättest du es denn gerne? Ich weiß echt nicht, wie ich es dir noch recht machen kann.

♂♂♂

Du hast mich mit einer anderen gesehen? Ja und? Da ist doch nichts dabei!

Warum ich für die Hausarbeit nicht wirklich geeignet bin

Mir tut auf einmal der Rücken so weh. Ich kann mich nicht mehr bücken. Ich lege mich besser mit dem Heizkissen ins Bett.

♂♂♂

Ich finde nicht, dass es hier unordentlich ist.
Mir gefällt's!

♂♂♂

Staubsaugen? Das geht nicht, die Tüte ist voll!

♂♂♂

Geteiltes Leid ist halbes Leid – da hast du recht! Ich muss nur noch schnell mit meiner Mutter telefonieren, fang du doch schon mal an!

♂♂♂

Von dem Putzmittel, das du mitgebracht hast, bekomme ich eine Allergie an den Händen.

♂♂♂

Ein Mann im Haus ist doch nur im Weg!

Warum ich für die Hausarbeit nicht wirklich geeignet bin

Ich helfe gern, du musst mir nur zeigen, was ich machen soll.

♂♂♂

Beim Kaffeefiltern verbrüht man sich so leicht und meine Hände brauche ich für meinen Beruf.

♂♂♂

Wo das Geschirr mit dem Goldrand ist? Das habe ich in die Spülmaschine getan!

♂♂♂

Die Kristallgläser trockne ich nicht ab! Ich habe zwei linke Hände und wenn eins kaputt geht, ist das Gezeter groß. Das tue ich mir nicht an!

♂♂♂

Wenn ich meine Internetrecherche gemacht habe, helfe ich dir gerne. Aber die Arbeit fürs Büro geht nun mal vor!

♂♂♂

Ich habe zwei linke Hände und zwei rechte Füße!

Warum ich für die Hausarbeit nicht wirklich geeignet bin

Wir haben eine klare Arbeitsteilung: Ich gehe arbeiten und du machst den Haushalt. Wieso soll ich dir helfen, du hilfst mir ja auch nicht!

♂♂♂

Bei wie viel Grad sollten die Wollsachen noch mal gewaschen werden? Ich habe 90 Grad eingestellt, das ist doch richtig, oder?

♂♂♂

Ich weiß nicht wieso, aber bei mir kommen vom Bügeleisen lauter braune Flecken auf die Hemden.

♂♂♂

Es sind keine Tabs mehr für die Spülmaschine da. Ich habe ersatzweise Persil genommen. Das ist doch ok so, oder?

♂♂♂

Das Cerankochfeld war so schmutzig. Ich habe es mühsam mit dem Spatel freigeschabt. Jetzt versuche ich, die Kratzer mit Stahlwolle rauszupolieren. Nachher sieht man sie bestimmt nicht mehr!

Warum ich für die Hausarbeit nicht wirklich geeignet bin

Die Waschmaschine kommt mir so verkalkt vor. Ich habe die Wäsche vorsichtshalber nicht gewaschen, sondern den Kundendienst bestellt. Der kommt aber erst nächste Woche.

♂♂♂

Ich mache ja alles für dich, Liebling. Aber bügeln ist nicht mein Ding. Schau mal, welche Falten ich in deine Blusen hineingebügelt habe!

♂♂♂

Wieso soll ich mein Arbeitszimmer aufräumen? Dann finde ich ja gar nichts mehr!

♂♂♂

Fenster putzen geht gar nicht! Ich habe eine Höhenphobie, das weißt du doch!

♂♂♂

Die Streifen auf den Fenstern sehen doch gut aus!

♂♂♂

Ich glaube, du hast das falsche Geschirrspülmittel gekauft. Ich habe erst mal alles stehen lassen, damit du das selbst testen kannst.

Warum ich für die Hausarbeit nicht wirklich geeignet bin

Jetzt Staubsaugen? Es ist Mittagszeit und damit Ruhestörung; was sollen die Nachbarn sagen?

♂♂♂

Die neue Teflonpfanne wird doch mit der Drahtbürste saubergemacht, oder?

♂♂♂

Geh doch lieber alleine einkaufen – wir kriegen ja doch nur Zoff wegen der Preise.

♂♂♂

Die Schlange beim Gemüsemann war so lang, dass ich vergessen habe, was ich einkaufen sollte, als ich endlich drankam.

♂♂♂

Ich konnte nichts einkaufen, weil ich den Einkaufszettel im Büro vergessen habe.

♂♂♂

Die Verkäuferin bei dem neuen Metzger sieht toll aus! Also, da gehe ich gerne hin einkaufen!

Warum ich für die Hausarbeit nicht wirklich geeignet bin

Ich konnte deine Schrift auf dem Einkaufszettel nicht entziffern.

♂♂♂

Ich wollte ja für uns kochen, aber ich wusste nicht, wie man das Tastfeld am Herd bedient.

♂♂♂

Ich habe den Kerzenständer gründlich poliert, aber irgendwie ist da jetzt kein Messing mehr dran.

♂♂♂

Was, der Salat muss gewaschen werden, bevor man ihn anmacht?

♂♂♂

Ich wollte ja das Abendbrot herrichten, aber der Kühlschrank ist zugeeist und geht nicht auf.

♂♂♂

Die Spaghetti sind nicht zu hart, sondern al dente! Ich habe extra meine Mutter angerufen und gefragt, wie man Nudeln kocht. Und gegen die Kochkünste meiner Mutter willst du hoffentlich nichts sagen!

Warum ich für die Hausarbeit nicht wirklich geeignet bin

Ich habe nicht gekocht,
denn Essen schadet deiner Figur!

♂♂♂

Ich konnte das schmutzige Geschirr nicht wegräumen,
die Spülmaschine ist voll!

♂♂♂

Wenn du nicht willst, dass deiner antiken Vase auf dem Schrank etwas passiert, dann musst du schon selbst abstauben.

♂♂♂

Wieso soll ich denn das Staubtuch nehmen?
Das ist doch so umständlich. Ich nehme lieber den Föhn.

♂♂♂

Wie lange brauchen die Eier, bis sie weich sind?
Zwanzig oder dreißig Minuten?

♂♂♂

Klar ist der Küchentisch mit schwarzer Schuhcreme verschmiert. Freu dich, ich habe meine Schuhe geputzt.

Warum ich ein Hausmann bin

Bei uns bleibt der zu Hause, der weniger verdient.
Und das bin ich.

♂♂♂

Der Büroschlaf hat mich auf die Dauer zu sehr gestresst.

♂♂♂

Meiner Frau kann ich den Haushalt nicht zumuten.
Sie ist einfach nicht belastbar.

♂♂♂

Ich mache nicht den Haushalt, sondern ich führe ein kleines Unternehmen.

♂♂♂

Ich bin ein Typ, der gefordert werden will.
Mit der Büroarbeit war ich nicht ausgelastet.

♂♂♂

Meine Frau ist zu schön, um zu Hause zu versauern.

♂♂♂

Ich find's daheim am schönsten!

Warum ich ein Hausmann bin

Wenn ich Lust verspüre, mich für
kleines Geld schikanieren zu lassen,
kann ich jederzeit in den Job zurück.

♂♂♂

Ich will das Vatersein richtig ausleben!

♂♂♂

Seit ich Hausmann bin,
kann ich morgens wenigstens ausschlafen.

♂♂♂

Man glaubt ja nicht, wie viele tolle Frauen man auf dem
Spielplatz und im Supermarkt kennenlernt.

♂♂♂

Ich habe mir zur Entlastung eine schnuckelige
Haushaltshilfe genommen. So viel Sex hatte
ich noch nie wie derzeit.

♂♂♂

Ich bin intelligent genug, mir das Leben so angenehm
wie möglich zu gestalten.

Warum ich immer noch nicht abgenommen habe

Ich mache die Erdnuss-Diät:
Ich esse alles außer Erdnüsse.

♂♂♂

Bei Männern zählt der Charakter, nicht das Aussehen!

♂♂♂

Ohne Diät bin ich wesentlich ausgeglichener und sowieso viel netter.

♂♂♂

Wenn ich abnehme, brauche ich neue Klamotten und dafür habe ich schlicht kein Geld!

♂♂♂

Klar, ich esse viel, aber bewusst!

♂♂♂

Ich esse doch nur Obst und Gemüse, allerdings schmeckt mir das gesunde Zeug nur mit Sahne und guten Soßen.

Warum ich immer noch nicht abgenommen habe

Ich habe mit dem Rauchen aufgehört.
Da nimmt jeder zu!

♂♂♂

Ich bin der Winter-Diät-Typ! In den anderen Jahreszeiten kann ich mich nicht auf meine Figur konzentrieren.

♂♂♂

Ich hasse diese Salatfresserei. Ein ganzer Kerl braucht nunmal was Gescheites zum Futtern.

♂♂♂

Wie sagt der Volksmund so schön:
Ohne Mampf kein Dampf!

♂♂♂

Erst wenn ich mich selbst zu dick finde, mache ich eine Diät.
Und bislang weiß ich jedes Gramm an mir zu schätzen.

♂♂♂

Achtest du etwa nur auf das Äußere?

Warum ich immer noch nicht abgenommen habe

Ich bin nicht dick, nur etwas zu klein.

♂♂♂

Wenn du immer bei mir wärst, bräuchte ich sonst keine Süßigkeiten.

♂♂♂

Dass ich ein paar Pfund zu viel habe, kommt vom Stress. Außerdem sitze ich den ganzen Tag und bewege mich kaum.

♂♂♂

Ich weiß nicht, was du willst. Ich ernähre mich total gesund und das fünfmal am Tag!

♂♂♂

Mir fehlt einfach die Bewegung. Aber für einen Personal Trainer habe ich kein Geld.

♂♂♂

Ich habe schon zweimal in meinem Leben vierzig Pfund abgenommen, das soll mir erst einmal einer nachmachen.

Warum ich immer noch nicht abgenommen habe

Ich mache zur Fastenzeit meine Diät und die ist erst wieder im nächsten Jahr!

♂♂♂

Vor Weihnachten brauche ich gar nicht mit dem Abnehmen anzufangen, da esse ich mir doch wieder alles drauf. Aber nach Weihnachten geht es dann richtig los!

♂♂♂

Im Sommer nehme ich immer ab. Wenn es heiß ist, habe ich weniger Hunger. Aber was kann ich dafür, dass wir seit Jahren keinen richtigen Sommer mehr hatten?

♂♂♂

Wenn ich dauernd an eine Diät denke, kriege ich den totalen Frust und esse noch mehr als sonst.

♂♂♂

Ich kann nichts dafür, dass ich dick bin, ich habe es mit der Schilddrüse!

♂♂♂

Du kraulst doch so gerne mein Doppelkinn!

Warum ich immer noch nicht abgenommen habe

Frauen wollen gar keine schlanken Männer; sie wollen einen Mann, an den sie sich so richtig mollig ankuscheln können.

♂♂♂

Ich weiß, ich sollte Sport machen, aber ich habe Arthrose.

♂♂♂

Ich kann nichts dafür; ich gehe an einem Schweinsbraten vorbei und habe automatisch zwei Pfund mehr drauf!

♂♂♂

Ich esse gar nichts, ich nehme nur Flüssignahrung zu mir.

♂♂♂

Wenn ich etwas zu essen angeboten bekomme, sage ich nicht nein, das wäre doch unhöflich. Und jeder weiß, was für ein höflicher Mensch ich bin!

♂♂♂

„Lasst dicke Männer um mich sein", hat schon Cäsar gesagt und der war ein kluger Mann!

Warum ich immer noch nicht abgenommen habe

Das ist kein Fett, das ist mein Speicher für schlechte Zeiten!

♂♂♂

Früher habe ich viel Wurst gegessen, das hat mich dick gemacht. Jetzt lasse ich die Wurst weg und esse nur noch Käse.

♂♂♂

Mir bekommt die Spargel-Diät am besten. Aber jetzt ist keine Spargelzeit.

♂♂♂

Ich habe zugenommen, weil mein Diätkochbuch verschwunden ist.

♂♂♂

Wenn ich meine Schlankheitspillen nicht nehmen würde, wäre ich noch dicker.

♂♂♂

Mollige Männer sind viel gemütlicher.

Warum ich immer noch nicht abgenommen habe

Wieso abnehmen? Schließlich hat jedes Pfund an mir einen Haufen Geld gekostet!

♂♂♂

Ich habe mit Absicht zugenommen, weil ich in die Staaten auswandere und dort nicht auffallen will.

♂♂♂

Ich glaube, ich habe zu viele weibliche Hormone. Daher kommen wohl der Bauch und der dicke Hintern.

♂♂♂

Für diesen Bauch habe ich viele Jahre gebraucht. Da gehe ich doch nicht ins Fitness-Studio und mache ihn mir in wenigen Monaten kaputt!

♂♂♂

Ich verstehe auch nicht, warum ich nicht abnehme. Ich esse doch gar nichts zwischen den Zwischenmahlzeiten!

♂♂♂

Früher fandest du meinen kleinen Bauch so niedlich. Jetzt ist er halt ein bisschen größer!

Warum ich immer noch nicht abgenommen habe

Mein Bauch ist genetisch bedingt!

♂♂♂

Was heißt hier dick? Hauptsache,
man ist gesund und die Frau hat Arbeit!

♂♂♂

Ich werde nicht dicker, sondern besser!

♂♂♂

Das ist kein Bauch, sondern das schützende Dach für
einen Arbeitslosen!

♂♂♂

Dicke haben mehr Spaß beim Sex!

♂♂♂

Die Natur wird sich etwas dabei gedacht haben,
als sie mich mit diesem Körper ausstattete.

♂♂♂

Was willst du? Ich habe Beine wie ein Reh!
Nicht so schlank, aber so behaart!

Warum ich immer noch nicht abgenommen habe

Meine Frau will mich genauso wie ich bin. Ich bin ihr Kontrastprogramm: Wenn sie neben mir geht, wirkt sie ausgesprochen schlank.

♂♂♂

Das ist kein Fett, meine Liebe, das sind Samenstränge!

♂♂♂

Meiner Frau gefalle ich so und das ist das Einzige, was für mich zählt.

♂♂♂

Warum soll ich nicht zeigen, dass es mir gut geht?

♂♂♂

Wegen zwei lächerlichen Wochen Urlaub tue ich mir doch nicht den Stress an, abzunehmen!

♂♂♂

Wenn ich wenig esse, denkt meine Frau, es würde mir bei ihr nicht schmecken.

Warum ich immer noch nicht abgenommen habe

Dicke haben weniger Falten!

♂♂♂

Alle in meiner Stammkneipe haben einen Bauch.
Warum sollte ich da eine Ausnahme sein?

♂♂♂

Ich stehe zu meinem Bauch;
er macht mich so unverwechselbar.

♂♂♂

Ein guter Hahn wird selten fett, heißt es.
Ich bin dick, weil ich zu wenig Sex habe.

♂♂♂

Meinen Bauch habe ich aus rein ökologischen Gründen.
In der Badewanne brauche ich viel
weniger Wasser als ein Schlanker.

♂♂♂

Mit einem Bauch lässt es sich viel besser rumkugeln!

Warum ich immer noch nicht abgenommen habe

Ich mache alles aus dem Bauch heraus.
Mit der Zeit sieht man ihm das leider auch an.

♂♂♂

Den Bauch habe ich von meinem Vater,
das Doppelkinn von meiner Mutter.

♂♂♂

Ab einem gewissen Alter nimmt man zu,
ohne etwas dafür tun zu müssen.

♂♂♂

Seit meine Waage kaputt ist,
kann ich mein Gewicht nicht mehr kontrollieren.

♂♂♂

Ich finde einen Waschbrettbauch
geradezu abstoßend und unappetitlich.

♂♂♂

Seit ich meinen Bauch habe,
bekomme ich im Flugzeug die besten Plätze.

Warum ich ein Sportmuffel bin

Freizeitsport setzt Freizeit voraus.

♂♂♂

Wenn mein Körper Auslauf braucht,
wird er sich schon melden.

♂♂♂

Sport ist Mord! Das hat schon Churchill gesagt.

♂♂♂

Ich bin Organspender und kann mir keinen Verschleiß leisten. Der Verschleiß stellt sich mit zunehmendem Alter noch früh genug ein.

♂♂♂

Ich bin nunmal unsportlich veranlagt.
Kann ich was für meine Gene?

♂♂♂

Wer sich selbst quält, ist auch zu anderen gemein.

♂♂♂

Ich darf nur Reha-Sport machen
und den bietet mein Verein nicht an!

Warum ich ein Sportmuffel bin

Lieber bewegungsarm als Tennisarm.

♂♂♂

Wieso soll ich durch den Park rennen
und den Bäumen den Sauerstoff wegnehmen?

♂♂♂

Ich bin sportlich genug.
Schließlich sitze ich jeden Samstag vor der Glotze
und ziehe mir die Sportschau rein.

♂♂♂

Ich habe schon genug Sport gemacht,
wenn ich jeden Morgen hinter dem Bus herrenne.

♂♂♂

Leute mit zu viel Energie sind mir irgendwie verdächtig.

♂♂♂

Ich trage sportliche Klamotten, fahre einen Sportwagen
und mein Deo hat auch eine sportliche Note.
Das langt doch wohl.

Warum ich ein Sportmuffel bin

Mir ist nicht nach Sport,
aber vorher auch nicht.

♂♂♂

Der Zahn der Zeit nagt auch an mir.

♂♂♂

Bisher ist noch jeder,
der Sport getrieben hat, gestorben.

♂♂♂

Ich finde, dass ich bei meiner Geburt schon genug
sportliche Aktivitäten gezeigt habe.

♂♂♂

Ich komme im Büro schon genug ins Schwimmen.

♂♂♂

Ja, ja, Fitness ist wichtig –
aber es gibt meiner Ansicht nach wichtigeres.

♂♂♂

Ich bin doch kein Sportmuffel! Zurzeit schaue
ich zum Beispiel ununterbrochen
die Leichtathletik-Weltmeisterschaften!

Warum ich ein Sportmuffel bin

Sex ist meine sportliche Disziplin!

♂♂♂

Ich bin zu dick, um Sport zu machen.

♂♂♂

Ich finde, ich sehe in Sportklamotten bescheuert aus. Warum soll ich mir also unnötige Komplexe aufladen?

♂♂♂

Alle Bewegungen, die meinen Körper zum Schwitzen bringen, vermeide ich seit frühester Kindheit. Ich bin nun mal ein Hygiene-Freak.

♂♂♂

Ich bin kein Typ für Mannschaftssportarten und allein macht es mir überhaupt keinen Spaß.

♂♂♂

Ich leide unter Konditionsschwächen. Das liegt wohl daran, dass mich meine Mutter falsch ernährt hat.

Warum ich ein Fußballfan bin

Das Schöne am Fußball: Das Runde muss ins Eckige!
(Marcel Reif)

♂♂♂

Du sagst doch immer, ich soll mich sportlich betätigen. Nur deshalb gehe ich mit meinen Kumpels ins Stadion.

♂♂♂

Jeder Mensch braucht ein Hobby und die Freiheit, ihm nachgehen zu können.

♂♂♂

Wenn ich ins Fußball-Stadion gehe, bin ich die ganze Zeit an der frischen Luft. Du sagst doch immer, ich soll gesünder leben!

♂♂♂

Heute geht es um alles.
Ich kann meine Mannschaft nicht im Stich lassen, die braucht jede Stimme zum Anfeuern.

♂♂♂

Fußball ist Kultur, du Kulturbanause!

Warum ich nicht spazierengehen will

Es ist viel zu heiß (kalt, nass, schwül, dunkel).

♂♂♂

Ich will nicht eine Stunde spazierengehen, sondern lieber eine Stunde joggen und das auch nur, wenn du mitmachst.

♂♂♂

Wenn ich in jeder Kneipe, an der wir vorbeikommen, ein Bier trinken darf, komme ich gern mit.

♂♂♂

Ok, wer zuerst zu Hause ist, hat gewonnen. Ich gebe dir zwei Stunden Vorsprung!

♂♂♂

Die viele Frischluft ist mir das letzte Mal gar nicht bekommen! Das war eine glatte Ozonvergiftung!

♂♂♂

Bei all den Abgasen ist das Spazierengehen in der Stadt total ungesund!

Warum ich nicht spazierengehen will

Willst du mich umbringen?
Bei dem Feinstaub draußen?

♂♂♂

Jetzt spazierengehen? Unmöglich!
Ich erwarte einen dringenden Anruf!

♂♂♂

Klar können wir spazierengehen.
Aber nur, wenn wir danach meine Mutter besuchen.

♂♂♂

Spazierengehen?
Das ist doch viel zu spießig!

♂♂♂

Nee, gerade wollte ich mich hinlegen und ein Mittagsschläfchen halten. Ich bin so müde, ich bekomme keinen Fuß vor den anderen.

♂♂♂

Gut, ich tue dir den Gefallen. Wir gehen jetzt spazieren und dafür gehe ich heute Abend zu Heiko und mache mit ihm einen Männerabend bis zum Abwinken.

Warum ich den Weihnachtsfrust habe

Jedes Jahr an Weihnachten gibt es Streit.
Lassen wir es doch einfach mal ausfallen!

♂♂♂

Lass uns dieses Jahr einen Baum leasen,
mir ist der Spaß zu teuer!

♂♂♂

Wozu brauchen wir einen Weihnachtsbaum,
du stehst doch sonst nicht auf Grünpflanzen!

♂♂♂

Diesmal kaufst du den Baum.
Ich bringe ja doch immer nur den falschen.

♂♂♂

Ein Baum ohne echte Kerzen macht doch keine Stimmung. Aber du weißt doch,
brennende Kerzen sind viel zu gefährlich.

♂♂♂

Gut, ich schleppe einen Baum an. Aber nur, wenn du ihn nach Weihnachten die fünf Stockwerke wieder runterträgst und entsorgst.

Warum ich den Weihnachtsfrust habe

Also, ein spießiger Weihnachtsbaum passt überhaupt nicht zu unseren Designermöbeln.

♂♂♂

Ich habe keinen Tannenbaum mehr bekommen und ohne Baum bekomme ich kein Weihnachts-Feeling.

♂♂♂

Unser Wohnzimmer ist viel zu klein! Irgendwo möchte ich auch noch sitzen können! Also, entscheide dich! Entweder ich oder der Baum!

♂♂♂

Ich bin ein freier Mensch und lasse mir nicht vorschreiben, wann ich zu feiern habe!

♂♂♂

Was, ist denn schon Weihnachten?
Sorry, ich bin mental eher auf Halloween gepolt.

♂♂♂

Was heißt hier Fest der Liebe? Heutzutage ist Weihnachten nur noch ein Fest für Geschäftsleute.

Warum ich den Weihnachtsfrust habe

Weihnachten ohne Schnee ist kein Weihnachten!
Und es schneit nun mal nicht!

An Weihnachten stellt man meist fest, dass etwas in der Beziehung nicht stimmt. Einer derartigen Erkenntnis bin ich nicht gewachsen.

♂♂♂

Das ganze Jahr habe ich Zoff mit deiner Mutter und ausgerechnet an Weihnachten soll ich den lieben Schwiegersohn spielen? Nein, das kriege ich nicht hin!

♂♂♂

Dieses Jahr will ich Weihnachten in stillem Gedenken an den Herrn verbringen und dem Mammon abschwören.

♂♂♂

Schade, dass ich gerade eine Diät angefangen habe. Da kann ich an den großen Familienfestessen leider nicht teilnehmen.

♂♂♂

Ich finde diese unechte Friedefreudeeierkuchen-Stimmung zum Kotzen!

Warum ich den Weihnachtsfrust habe

Ich kann meinen Jahresurlaub nur über Weihnachten nehmen. Ich bin dann mal weg!

♂♂♂

Mir geht die Weihnachtszeit total auf den Keks.
Du kannst mir meine Geschenke
ja in die Karibik nachschicken.

♂♂♂

Weihnachten macht mich immer so traurig. Ich glaube nicht, dass ich mit meiner depressiven Stimmung eure Weihnachtsfeier bereichere.

♂♂♂

Seit ich nicht mehr ans Christkind glaube,
weiß ich nicht, was ich da feiern soll!

♂♂♂

Ich will nichts geschenkt bekommen
und ich will auch nichts verschenken!
Mir ist das Ganze einfach nur peinlich!

♂♂♂

Ihr müsst beim Gansessen auf mich verzichten.
Ich bin neuerdings strenger Vegetarier!

Warum ich denWeihnachtsfrust habe

Ok, es ist Weihnachten, aber mir fehlen die Flocken.

♂♂♂

Für dieses kitschige Weihnachtsgehabe bin ich viel zu cool!

♂♂♂

Ihr müsst ohne mich feiern. Ich bekomme neuerdings Beklemmungen, wenn sich mehr als zwei Leute in einem Raum aufhalten.

♂♂♂

Bisher habe ich dich für eine hochintelligente und pragmatische Frau gehalten. Du warst mein Ideal! Und jetzt schmückst du unser Wohnzimmer mit Engelchen und anderem Kitsch? Kann es sein, dass ich mich so in dir getäuscht habe?

♂♂♂

Das Einzige, was bei mir an Weihnachten glüht, ist der Glühwein und davon reichlich.

♂♂♂

Weihnachten ist doch das Fest der Liebe und deshalb will ich es mit dir im Bett verbringen!

Warum ich schnarche

Ich bin sicher, bei meinen Schlafgeräuschen handelt es sich nur um meine unterdrückte Leidenschaft, weil du mich mal wieder nicht rangelassen hast.

♂♂♂

Du kannst es mir wirklich glauben, das Schnarchen hat absolut nichts mit dir zu tun.

♂♂♂

Wenn du nachts schlafen würdest wie jeder normale Mensch, könntest du mein Schnarchen überhaupt nicht hören.

♂♂♂

Geh doch früher ins Bett als ich. Wenn du schläfst, hörst du mich nicht.

♂♂♂

Nur kein Neid! Ich kann ja nichts dafür, dass du die Kunst des Schnarchens nicht beherrschst.

♂♂♂

Das ist kein Schnarchen, sondern der Ausdruck meiner unerfüllten Sehnsucht nach dir!

Warum ich schnarche

Beweise mir doch erst einmal, dass ich schnarche. Vielleicht nimmst du mal ein Band auf?

♂♂♂

Wieso hörst du mein Schnarchen, sonst hörst du mir doch auch nicht zu!

♂♂♂

Mein Schnarchen ist der pure Frust darüber, dass du mich tagsüber nie zu Wort kommen lässt.

♂♂♂

Statt dass du dir Gedanken darüber machst, warum ich schnarche, meckerst du mit mir!

♂♂♂

Beim Schnarchen pruste ich mir die Sorgen von der Seele. Sei doch froh, dass ich nicht depressiv bin oder dich mit meinen unbewältigten Problemen belaste.

♂♂♂

Nachts verliere ich eben alle Hemmungen!

Warum ich schnarche

Wenn du nachts nicht schlafen kannst, weil ich so laut schnarche, dann schlafe doch tagsüber.
Du bist doch Beamtin (Hausfrau).

♂♂♂

Durch das Schnarchen befreie ich mich von negativen Energien, die ich mir im Büro eingefangen habe.

♂♂♂

Ich schlage dir schon seit Jahren getrennte Schlafzimmer vor, aber du willst ja jede Nacht Sex und Kuscheln bis zum Abwinken!

♂♂♂

Sorry, im Schlaf vergesse ich immer wieder, dass dich mein Schnarchen stört.

♂♂♂

Morgen schnarche ich zur Abwechslung mal in Dur. Vielleicht gefällt dir das besser.

♂♂♂

Ich schnarche nicht, das sind Atemprobleme.

Warum ich schnarche

Ich schnarche und du knirschst mit den Zähnen!
Damit sind wir quitt!

♂♂♂

Kann schon sein, dass ich ganze Wälder zersäge.
Immerhin sind es aber nicht die Regenwälder.
Also besteht kein Grund zur Aufregung!

♂♂♂

Wenn dich mein Schnarchen so stört, dass du die ganze Nacht kein Auge zumachen kannst, wieso bist du morgens dann immer so frisch und ausgeschlafen?

♂♂♂

Ich schnarche nur, wenn ich auf dem Rücken liege. Du musst eben darauf achten, dass du mich in eine Seitenlage manövrierst.

♂♂♂

Wenn dich mein Schnarchen so sehr stört, warum schläfst du dann nicht im Wohnzimmer auf der Couch?

♂♂♂

Hast du dich schon mal gehört?

Warum ich schnarche

Das ist kein Schnarchen, sondern das sind Lebenszeichen, die ich aussende.

♂♂♂

Seltsam, du beschwerst dich über mein Schnarchen, lobst mich aber nie, wenn ich eine Ruhephase habe und keinen Ton von mir gebe.

♂♂♂

Was willst du denn?
Schnarchen ist ein Ausdruck von Männlichkeit.

♂♂♂

Das ist kein Schnarchen, was du hörst, sondern meine verstopfte Nasennebenhöhle.

♂♂♂

Seit Jahren beschwerst du dich über meine Schnarcherei. Findest du nicht, dass du damit unsere Ehe belastest?

♂♂♂

Also, mich stört mein Schnarchen überhaupt nicht!

Warum ich noch immer rauche

Was bitte ist denn am Rauchen unsozial? Ich finde es absolut gesellig, man ist immer unter Leuten und kann super kommunizieren.

♂♂♂

Ich rauche ja nur, wenn ich aufgeregt bin.
Und du bist nun mal sehr aufregend!

♂♂♂

Wenn ich mit dem Rauchen aufhöre, nehme ich zu.
Und wer will keinen dicken Mann? Du!
Letztlich rauche ich doch nur, um dir zu gefallen.

♂♂♂

Gut, ich bin süchtig nach Zigaretten und soll mich davon trennen. Ich bin aber auch süchtig nach dir.
Soll ich dann auch die Finger von dir lassen?
Das wäre doch die logische Konsequenz!

♂♂♂

Ich habe noch nie so viele neue Leute kennengelernt wie beim Rauchen draußen auf der Straße vor der Kneipe.

♂♂♂

Mit einer Zigarette ist doch alles viel gemütlicher!

Warum ich noch immer rauche

Als ich erkältet war, habe ich nicht geraucht. Ich kann beim besten Willen nicht behaupten, dass es mir da besser ergangen ist.

♂♂♂

Ich rauche ja nur, weil ich so nervös bin und etwas zwischen den Fingern brauche. Und du stehst ja so selten zur Verfügung.

♂♂♂

Während ich rauche, baue ich Stress ab. Oder willst du, dass ich stattdessen meinen Frust an dir auslasse?

♂♂♂

Ich bin erwachsen und kann tun und lassen, was ich will. In jedem Fall lasse ich mir von dir das Rauchen nicht verbieten!

♂♂♂

Du entwickelst dich immer mehr zu einer militanten Nichtraucherin. Langsam aber sicher lichtet sich mein Freundeskreis, weil man bei uns zu Hause nicht rauchen darf. Das nehme ich dir echt übel.

Warum ich noch immer rauche

Meine Großeltern haben geraucht, meine Eltern rauchen, da ist es schon rein erbtechnisch logisch, dass auch aus mir ein Raucher wurde.

♂♂♂

Ich rauche, weil mir so kalt ist.

♂♂♂

Bei den Abgasen, die man im Straßenverkehr einatmet, kommt es auf das bisschen Zigarettenrauch auch nicht mehr an.

♂♂♂

Nach dem Sex brauche ich eine Zigarette, um mich zu beruhigen und neue Kräfte zu tanken. Bisher warst du immer begeistert von meiner Manneskraft! Willst du damit ausdrücken, dass du weniger Sex willst, indem du mir das Rauchen verbietest?

♂♂♂

Rauchen macht auf die Dauer einen schlanken Fuß.

♂♂♂

Ohne Kippen bin ich so unausgeglichen.

Warum ich noch immer rauche

Nach dem Essen brauche ich eine Zigarette,
dafür verzichte ich ja auch auf den Digestif!

♂♂♂

Morgens brauche ich zum Kaffee eine Zigarette,
sonst klappt es nicht mit der Verdauung.

♂♂♂

Wenn du mit dem Trinken aufhörst,
höre ich sofort auf zu rauchen.

♂♂♂

Mach dir keine Sorgen um mich.
Auch als Raucher kann man sehr alt werden.

♂♂♂

Ich bin Gelegenheitsraucher.
Gut, dass es so viele Gelegenheiten gibt!

♂♂♂

Man spricht von der Rauchkultur. Ich rauche,
weil ich mich zu den kultivierten Menschen zähle.

♂♂♂

Lieber blauer Dunst als gar keine Ahnung!

Warum ich gern mal einen trinke

Sei doch froh, dass ich nur Bier trinke.
Schnaps hat zum Beispiel viel mehr Alkohol.

♂♂♂

Bier ist flüssige Nahrung. Irgendwann am Tag muss ich ja mal was zu mir nehmen. Du kochst mir ja nichts!

♂♂♂

„Rotwein ist für alte Knaben eine von den besten Gaben", hat schon Wilhelm Busch gesagt. Und diesem großen Dichter willst du widersprechen?

♂♂♂

Bier ist gesund und enthält ganz wichtige Nährstoffe.
Der Alkohol ist nur zufällig drin.

♂♂♂

Mit Alkohol lösen sich meine Probleme in Luft auf.
Jetzt kommst du und machst mir wieder neue.
Willst du wirklich, dass ich so viel trinke?

♂♂♂

Alkohol ist doch eine gute Anlage!
Da bekomme ich vierzig Prozent!

Warum ich gern mal einen trinke

Ich benehme mich nüchtern genauso, wie wenn ich betrunken bin, und so merkt's keiner.
(Gerhard Tötschinger)

♂♂♂

Komisch, wir haben uns in der Kneipe kennengelernt und jetzt findest du Kneipen unmöglich?

♂♂♂

Als wir noch nicht verheiratet waren, hast du es immer cool gefunden, wie lässig ich an der Theke stand.
Und das soll jetzt plötzlich ätzend sein?

♂♂♂

Ich habe nunmal meine Rituale.
Eines davon ist, nach dem Büro einen zu trinken.

♂♂♂

Wenn ich nicht in die Kneipe ginge,
hätten wir überhaupt keinen Bekanntenkreis.

♂♂♂

Ich trinke aus gesundheitlichen Gründen.
Alkohol vernichtet Bakterien!

Warum ich gern mal einen trinke

Ich trinke, um zu vergessen. Zum Beispiel wollte ich gerade vergessen, dass du das komplette Haushaltsgeld für teure Designerklamotten und den Friseur ausgegeben hast.

♂♂♂

Wenn du mich nicht dauernd so ärgern würdest, würde ich auch nicht so viel trinken!

♂♂♂

Nur am Tresen erfahre ich, was in der Nachbarschaft so alles passiert. Und wer will das immer so genau wissen? Du schickst mich doch aus purer Neugierde in die Kneipe!

♂♂♂

Ein altes Sprichwort sagt:
Nimm dich in Acht vor Leuten, die nicht trinken.

♂♂♂

Lieber ein stadtbekannter Trinker
als ein anonymer Alkoholiker!

♂♂♂

Rotwein soll gut gegen Altersdemenz sein.

Warum ich ein Computerfreak bin

Du beschwerst dich doch immer, dass ich ungebildet sei. Jetzt google ich und es ist auch nicht recht.

♂♂♂

Kann es sein, dass du auf einen Computer eifersüchtig bist?

♂♂♂

Solange ich die Maus nicht zum Kuscheln mit ins Bett nehme, gibt es für dich keinen Grund zur Beschwerde.

♂♂♂

Der Computer vermittelt mir Selbstbewusstsein – ganz im Gegensatz zu dir!

♂♂♂

Ich spiele doch nur mit dem Computer, w eil du nicht mit mir spielst.

♂♂♂

Was kann ich dafür, dass du mit dem Computer nicht umgehen kannst?

Warum ich eine Glatze trage

Das ist keine Glatze,
sondern eine ausgeprägte Denkerstirn.

♂♂♂

Alle wirklich guten Typen haben eine Glatze:
Bruce Willis, Yul Brunner, Kojek und ich.

♂♂♂

Meine Glatze ist so zart wie dein Popo.
Deshalb streichle ich sie auch so gerne.

♂♂♂

Was willst du denn: Wer eine Glatze hat,
hat keine Schuppen!

♂♂♂

Ich trage meine Glatze aus hygienischen Gründen.

♂♂♂

Für die einen ist es eine Glatze;
für die anderen die längste Stirn der Welt.

♂♂♂

Ich habe einen schönen Schädel,
warum soll ich den nicht zeigen!

Warum ich eine Glatze trage

Wie heißt es so schön: Wer in der Jugend viel bürstet, muss im Alter nicht mehr viel kämmen. Jetzt weißt du, warum ich keine Haare mehr auf dem Kopf habe, meine Liebe.

♂♂♂

Ich bin vielleicht nicht mehr der Attraktivste, ber innerlich bin ich super!

♂♂♂

Lieber eine Glatze als überhaupt keine Haare!

♂♂♂

Was soll die Frage? Ich bin überall rasiert!

♂♂♂

Meine Haarfarbe passte nicht zu meinem Anzug.

♂♂♂

Nobody ist perfect!

♂♂♂

Durch meine lange Stirn kommen meine verführerischen braunen Augen viel besser zur Geltung!

Warum ich einen Bart trage

Ohne Bart komme ich mir nackt vor!

♂♂♂

Das ist doch nur der pure Neid! Ich kann wenigstens hinter dem Bart meine Falten verstecken!

♂♂♂

Der Bart ist des Mannes Zierde. Testosteron pur!

♂♂♂

Was ich nicht auf dem Kopf habe,
wächst mir im Gesicht.

♂♂♂

Der Bart tarnt meine schlechte Laune.

♂♂♂

Ich habe morgens keine Zeit zum Rasieren.

♂♂♂

Viele Intellektuelle tragen Bart. Ich auch.

Warum ich Urlaub auf Balkonien mache

Ich war schon überall. Daheim ist es doch am schönsten.

♂♂♂

Wir waren letztes Jahr nicht in Spanien und dieses Jahr sind wir nicht in Italien.

♂♂♂

Reisen tue ich im Rentenalter. Ich bin aber jetzt schon total mit der Reiseplanung beschäftigt.

♂♂♂

Dieses Jahr bleibe ich hier. Meine Villa in Florida wird gerade renoviert.

♂♂♂

Ich bin Single und allein zu verreisen macht mir keinen Spaß.

♂♂♂

Allein zu verreisen ist mir entschieden zu anstrengend. Bei all den Single-Frauen ist man ja das reinste Freiwild.

Warum ich Urlaub auf Balkonien mache

Ich habe echt keine Lust, mich im Ausland
an andere Mentalitäten anzupassen.

♂♂♂

Ich war schon mal im Urlaub, das hat gereicht.

♂♂♂

Ich bekomme im Ausland wegen
des Essens immer Magenverstimmungen.

♂♂♂

Pech: Ich habe den Last-Minute-Flug verpasst.

♂♂♂

Im Ausland hängt meine Frau an mir wie eine Klette.
Bleiben wir daheim, ist sie dauernd
unterwegs und ich habe meine Ruhe.

♂♂♂

Meine Frau wollte mir den Urlaub nicht finanzieren.

♂♂♂

Wirtschaftskrise: Dieses Jahr
gab es in unserer Firma kein Urlaubsgeld.

Warum ich Urlaub auf Balkonien mache

Ich brauche echte Erholung und
nicht den Partystress auf Malle!

♂♂♂

Mein Chef genehmigt mir keinen Urlaub.
Ich bin derzeit unverzichtbar.

♂♂♂

Meine Frau ist allein verreist.
Sie hat sich mal einen Urlaub ohne mich verdient.

♂♂♂

Ich spare auf meine Weltreise,
die ich im nächsten Jahr machen will.
Hoffentlich kommt bis dahin genug Geld zusammen.

♂♂♂

In der Ferne bekomme ich immer so Heimweh.
Da bleibe ich lieber gleich zu Hause.

♂♂♂

In meinem Wohnviertel ist es so multikulti,
da ist es im Sommer viel lustiger als im Ausland.

Warum ich Urlaub auf Balkonien mache

Ich bin sehr anspruchsvoll. Bisher hat noch kein Hotel meine Ansprüche erfüllen können.

♂♂♂

Warum denn in die Ferne schweifen,
wenn das Gute liegt so nah?

♂♂♂

In der heutigen Zeit ist es geradezu sträflich, unser gutes Geld im Ausland auszugeben. Ich bleibe hier und kurbele die Wirtschaft an.

♂♂♂

Ich habe keine Nerven mehr dafür, mich im Stau über die Autobahn zu quälen.

♂♂♂

Ich kann meine beiden Pythonschlangen nicht so lange allein lassen.

♂♂♂

Ich konnte es nicht übers Herz bringen, meine beiden Hunde in die Tierpension zu geben. Das hätten die mir nie verziehen.

Warum ich Urlaub auf Balkonien mache

Ich konnte kein Hotel finden, das meinen Bernhardiner beherbergen wollte. Und mit Leuten, die gegen Tiere sind, gebe ich mich grundsätzlich nicht ab.

♂♂♂

Mein Pass ist abgelaufen, da haben sie mich am Flughafen wieder nach Hause geschickt.

♂♂♂

Ich kann in fremden Betten nicht schlafen.

♂♂♂

Ich habe eine Sonnenallergie. Wozu dann noch Geld ausgeben und ans Meer fahren?

♂♂♂

Ich misstraue der ärztlichen Versorgung im Ausland.

♂♂♂

Ich muss meiner Mutter beim Umzug und bei der Wohnungsrenovierung helfen. Da geht mein ganzer Jahresurlaub drauf.

Warum ich Urlaub auf Balkonien mache

Um zu begreifen, dass der Himmel überall blau ist,
braucht man nicht um die Welt zu reisen.
(Johann Wolfgang von Goethe)

♂♂♂

Ich will mir meine Illusionen von fernen Ländern nicht zerstören. Die Realität kann so brutal sein!

♂♂♂

In meinem Horoskop stand, dass ich in diesen Tagen die Frau meines Lebens treffen werde.
Da kann ich doch unmöglich wegfahren!

♂♂♂

Ich kann meine Mutter nicht alleinlassen.
Und zum Verreisen ist sie nicht mehr rüstig genug.

♂♂♂

Meine Clique hat beschlossen, dieses Jahr nicht zu verreisen. Da wollte ich nicht aus dem Rahmen fallen.

♂♂♂

Wir mussten uns entscheiden: entweder ein neues Auto oder Urlaub! Wegen der Abwrackprämie haben wir uns für das Auto entschieden!

Warum ich Urlaub auf Balkonien mache

Meine Frau und ich konnten uns nicht auf das Urlaubsziel einigen. Bevor es einen Riesenkrach gibt, bleiben wir lieber zu Hause.

♂♂♂

Kurz vor der Reise habe ich Probleme mit meinem Zahn-Implantat bekommen. Glücklicherweise hatte ich eine Reiserücktrittsversicherung abgeschlossen.

♂♂♂

Ich habe einen neuen Grill gekauft, den will ich unbedingt ausprobieren.

♂♂♂

Seit zehn Jahren fahren wir in denselben Urlaubsort. Dieses Jahr hatte ich echt keine Lust mehr, dorthin zu fahren und woanders wollte ich auch nicht hin.

♂♂♂

Bei den vielen Flugzeugkatastrophen in Folge wollte ich mich keiner Gefahr aussetzen – ich bin so ein Pechvogel!

Warum ich Urlaub auf Balkonien mache

Ich will die Daheimgebliebenen nicht mit meiner Urlaubsbräune provozieren.

♂♂♂

Daheim werde ich zwar nicht braun, dafür bin ich aber nahtlos weiß.

♂♂♂

Jeden Tag ins Sonnenstudio ist billiger als eine Woche Mallorca.

♂♂♂

Im letzten Urlaub habe ich meiner Frau zu viel geflirtet. Deshalb durfte ich dieses Jahr nicht mitfahren.

♂♂♂

Toasten kann ich mich auch auf dem Balkon. Das ist billiger!

♂♂♂

Ich bleibe aus gesundheitlichen Gründen zu Hause. Mein Arzt hat mich auf Diät gesetzt und im Urlaub nehme ich immer so zu.

Witzig, witzig ...

Es ist sehr kalt. Trotzdem liegt ein Mann am Strand im Liegestuhl und klappert fürchterlich mit den Zähnen. „Warum liegen Sie denn hier bei dem Hundswetter?", fragt ein Spaziergänger. Antwortet der Tourist brummig: „Ich habe mir geschworen, im Urlaub Farbe zu bekommen – und wenn es Blau ist!"

☺☺☺

„Haben Sie schon einmal getrennt Urlaub gemacht?" „Ja, vor sechs Jahren. Hat mir gut gefallen!" „Und Ihrer Frau?" „Weiß ich nicht – sie ist noch nicht zurück!"

☺☺☺

„Wann wird denn bei Ihnen gegessen?", fragt Egon an der Rezeption. „Frühstück von sieben bis elf Uhr, Mittagessen von zwölf bis fünfzehn Uhr, Kaffee von fünfzehn bis siebzehn Uhr und Abendessen von achtzehn bis zweiundzwanzig Uhr", antwortet der Portier. „Schade", seufzt Egon, „eigentlich wollte ich mir ja auch noch die Stadt ansehen."

☺☺☺

Wundert sich der Gast im Hotel am Bergsee: „Herr Ober, warum haben Sie mir zwei Schnitzel gebracht?" „Verdammt, immer dieses Echo!"

Witzig, witzig ...

In den Alpen. „Stürzen die Touristen hier eigentlich oft ab?", wird der Bergführer gefragt. „Nein", erwidert der bedächtig, „die Meisten tun's nur einmal."

☺☺☺

Müller kommt im Hotel an und als er am Abend ins Bett will, entdeckt er auf dem Teppich eine Maus. Er ruft den Portier an: „Ich habe eine Maus im Zimmer." „Macht nichts", beruhigt ihn der Portier, „die Kleine kann ihre Anmeldung auch morgen früh ausfüllen."

☺☺☺

An der Grenze: „So, Sie fahren in Urlaub?" „Ja, ich bin auf der Hochzeitsreise." Der Grenzer staunt:
„Aber wo ist Ihre Frau?"
„Die sitzt zu Hause, sie kennt die Gegend schon."

☺☺☺

Schulzens sind aus dem Urlaub zurück. Fragt der Kollege: „Na, wie war's?" „Also, meine Frau ist bei einem bunten Abend Schönheitskönigin geworden, da kannst du dir ja vorstellen, was für ein Nest das war."

Witzig, witzig ...

„Musst du denn auch im Urlaub bis spät abends in der Kneipe sitzen? Denkst du denn nie daran, dass deine Frau zu Hause wartet?" „Ganz im Gegenteil!"

☺☺☺

Völlig erschöpft kommt Herr Müller nach dem Urlaub zur Arbeit und meint zu seinem Kollegen: „Natürlich hab` ich mal wieder die verkehrten Sachen mit in den Urlaub genommen." „So, was denn?"
„Meine Frau und ihre Mutter!"

☺☺☺

„Ist das ihre Tochter, die mein T-shirt mit Pampe vollschmiert?", fragt ein Strandgast den anderen.
„Nein, ich habe einen Sohn und der schaufelt gerade Sand in Ihren Picknickkoffer."

☺☺☺

Beim Wochenendtrip nach Florenz sagt er zu ihr:
„Heute beim Essen hast du dich wieder schön blamiert. Botticelli ist doch kein Wein, das ist doch ein Käse!"

☺☺☺

„Gibt's hier Quallen oder Krebse?"
„Keine Sorge, die werden alle von den Haien gefressen!"

Warum ich derzeit kein Geld habe

Frauen vereinfachen das Leben, verdoppeln die
Freuden und verdreifachen die Ausgaben.
Dreimal darfst du nachdenken, warum ich pleite bin!

♂♂♂

Geld allein macht nicht glücklich!

♂♂♂

Ein reicher Mann ist oft nur ein
armer Mann mit sehr viel Geld.
(Aristoteles Onassis)

♂♂♂

Ich lebe zwar immer noch über meine Verhältnisse,
aber immer noch unter meinem Niveau!

♂♂♂

Ich will nicht der Sklave des Geldes sein!

♂♂♂

Um ein Darlehen zu bekommen,
muss man erst beweisen, dass man keines braucht.
Der Beweis ist mir nicht gelungen!

♂♂♂

Mit Bezahlen verplempert man das meiste Geld!

Warum ich derzeit kein Geld habe

Ich spare: Wer kein Geld hat,
kann nichts ausgeben!

♂♂♂

Geld interessiert mich nicht!

♂♂♂

Ich lege mein Geld in Alkohol an.
Wo sonst gibt es 40 Prozent?

♂♂♂

Manches Vergnügen besteht darin,
dass man mit Vergnügen darauf verzichtet.
(Peter Rosegger)

♂♂♂

Bargeld heißt es deswegen, weil man es in einer Bar
schnell loswerden kann.
(Georg Thomalla)

♂♂♂

Es hat wenig Sinn,
der reichste Mann auf dem Friedhof zu sein.

Warum ich derzeit kein Geld habe

Ich habe einen ganz einfachen Geschmack.
Ich bin stets mit dem Besten zufrieden.
(Oscar Wilde)

♂♂♂

Ich habe an der Börse spekuliert.

♂♂♂

Ich habe ein zu großes Herz.
Ich habe mein ganzes Geld gespendet!

♂♂♂

Was willst du denn?
Wer lang arm ist, lebt lang!

♂♂♂

Ich liebe dich so sehr,
dass ich mein ganzes Geld in dich investiere!

♂♂♂

Du erinnerst dich: in guten wie in schlechten Zeiten?
Tja, die guten Zeiten sind offensichtlich vorbei!

♂♂♂

Geld regiert die Welt und so sieht sie auch aus!

Warum ich derzeit kein Geld habe

Am Ende des Geldes ist immer so viel Monat übrig!

♂♂♂

Vergiss nicht, mir zu schreiben.
Auch wenn es nur ein Scheck ist!

♂♂♂

Sieh mal, alles, was mir recht ist,
ist leider nicht billig!

♂♂♂

Finanziell gesehen, sind die letzten
25 Tage im Monat die schlimmsten!

♂♂♂

Ich dachte, du liebst mich!
Hast du es etwa nur auf mein Geld abgesehen?

♂♂♂

Ich notiere alle meine Ausgaben. Trotzdem bin ich pleite.
Aber ich habe es wenigstens schriftlich!

♂♂♂

Ich hasse Geld,
wenn es nicht mein eigenes ist!

Warum ich derzeit kein Geld habe

Regelmäßiges Arbeiten hindert daran,
Geld zu verdienen!

♂♂♂

Wer Geld haben will wie Heu, muss arbeiten wie ein Pferd. Bin ich etwa ein Pferd?

♂♂♂

Mein Dispo steht mir nicht mehr zur Verfügung.

♂♂♂

Meine Bank wird renoviert.
Da haben sie mein Konto gleich mitgestrichen.

♂♂♂

Wenn du mir fünfzig Euro leihst,
leihe ich dir mein geduldiges Ohr.

♂♂♂

Mein Gehalt ist immer noch nicht auf dem Konto. Ich fürchte, mein Chef befindet sich in Zahlungsschwierigkeiten.

♂♂♂

Immer willst du nur mein Bestes!

Warum ich derzeit kein Geld habe

Wir haben in letzter Zeit auf zu großem Fuß gelebt. Jetzt beginnt die Zeit der kleinen Schritte.

♂♂♂

Ich stecke momentan in meiner eigenen Wirtschaftskrise.

♂♂♂

Ich habe leider keinen Umschlag, sonst hätte ich dir deinen Scheck schon längst zugeschickt.

♂♂♂

Glaube mir, ich würde dir die Welt zu Füßen legen, wenn ich es könnte.

♂♂♂

Mein Hund hat meine sämtlichen Ersparnisse aufgefressen.

♂♂♂

Mein Hund hat mein Sparbuch verbuddelt und jetzt weiß er nicht mehr, an welcher Stelle.

♂♂♂

Lieber arm dran als Arm ab!

Warum ich derzeit kein Geld habe

Mir fehlt das nötige Kleingeld.
Von den Scheinen will ich schon gar nicht reden.

♂♂♂

Nachdem ich am Geldautomaten war,
hat man mich ausgeraubt.

♂♂♂

Ich habe meinen Steuerbescheid bekommen. Ich muss jeden Cent sparen, um diese unverschämten Forderungen vom Finanzamt begleichen zu können.

♂♂♂

Ich habe mein ganzes Geld auf die nächsten zehn Jahre fest angelegt und komme da nicht dran.

♂♂♂

Wie sollte ich lernen, mit Geld umzugehen, wenn ich noch nie welches hatte?

♂♂♂

Ich wurde betrogen: Der heiße Tipp für das Pferderennen war eiskalt.

Warum ich nicht beim Arzt war

Heute früh waren die Schmerzen verflogen,
wozu dann zum Arzt gehen?

♂♂♂

Ich hatte kein Geld für die Praxisgebühr.

♂♂♂

Ich sollte ja mit nüchternem Magen kommen.
Leider habe ich aus Versehen gefrühstückt.

♂♂♂

Auf dem Weg zum Zahnarzt bekam ich fürchterliche Angstattacken. Da bin ich wieder umgekehrt.

♂♂♂

Im Wartezimmer war es zu voll. Ich kann nicht mit so vielen Leuten zusammen in einem so kleinen Raum sein; ich bin klaustrophobisch.

♂♂♂

Ich habe mich im Termin geirrt.
Ich soll erst nächste Woche zum Zahnarzt kommen.

Warum ich nicht beim Arzt war

Im Wartezimmer war kein Stuhl mehr frei und ich kann unmöglich so lange stehen. Dazu bin ich viel zu erschöpft.

♂♂♂

Ich hatte meine Krankenkassen-Mitgliedskarte vergessen. Da wollte mich die Sprechstundenhilfe nicht zum Doktor vorlassen.

♂♂♂

Als ich zur Arztpraxis kam, war sie noch geschlossen. Und am Abend, als ich nach dem Büro hinging, war sie schon wieder zu.

♂♂♂

Ich habe ganz vergessen, dass heute Mittwoch ist, da ist ja gar keine Sprechstunde!

♂♂♂

Die Praxis war so voll, da wollte ich die anderen Patienten nicht mit meinen Viren anstecken. Das wäre verantwortungslos gewesen!

♂♂♂

Die Sprechstundenhilfe war mir so unsymphatisch, da bin ich wieder gegangen!

Witzig, witzig ...

„Das Beste, was ich Ihnen raten kann", sagt der Doktor, „trinken Sie keinen Alkohol mehr, geben Sie das Rauchen auf und gehen Sie früh zu Bett!" Nachdenklich schweigt der Patient eine Weile und fragt dann schüchtern: „Und was wäre das Zweitbeste, Herr Doktor?"

☺☺☺

Müller klagt dem Arzt seine anhaltenden Potenzschwierigkeiten. „Da gibt es ein gutes altes Hausmittel", rät ihm dieser, „Zwiebeln, viel Zwiebeln!" Ein paar Tage später treffen sich die beiden auf der Straße. „Na, hat sich mein Hausmittel bewährt, hat es geholfen?", erkundigt sich der Arzt. „Wunderbar", strahlt Müller, „nur kurz vorm Höhepunkt, da kommen mir immer die Tränen!"

☺☺☺

Der Arzt betrachtet das Röntgenbild der Wirbelsäule des Patienten. „Na, wunderbar! Hier kann man sehr schön sehen, wie sich das ventrale Abgleiten von L5 auf S1 fantastisch ..." „Herr Doktor", unterbricht der Patient den Redefluss, „sie sollen mich nicht bewundern, sie sollen mich behandeln!"

Witzig, witzig …

„Herr Doktor, wie lange kann ein Mensch ohne Gehirn leben?" „Warten Sie's ab, Herr Weber, warten Sie's ab!"

☺☺☺

„Herr Doktor, können Sie mir helfen? Immer Summen im Ohr – zum Verrücktwerden!"
„Ach ja? Wie hoch sind denn die Summen?"

☺☺☺

Mit Blick auf das geschwollene Bein von Herrn Müller meint der Arzt: „Sind Sie vorher schon einmal operiert worden?" „Nein, das macht man doch erst hinterher!"

☺☺☺

Der Arzt zur Sprechstundenhilfe: „Haben Sie Herrn Müller schon Blut abgenommen?" „Ja, aber mehr als sechs Liter habe ich nicht aus ihm herausbekommen."

☺☺☺

Der Chirurg nach der Blinddarmoperation zum Patienten: „Und wundern Sie sich nicht über die Narbe auf Ihrem Rücken. Ich musste während des Eingriffs leider einmal niesen …"

Warum die Steuererklärung noch nicht fertig ist

Mein Steuerberater ist schwerkrank und liegt im Krankenhaus. Die Steuergehilfin weiß leider nicht, wo meine Unterlagen abgelegt sind.

♂♂♂

Ich hatte Ihnen eine E-Mail geschrieben, in der ich um Fristverlängerung gebeten und diese auch fundiert begründet habe. Jetzt sagen Sie bloß, die haben Sie nicht bekommen!

♂♂♂

Ich kann mir den Steuerberater nicht mehr leisten und jetzt weiß ich gar nicht, wie man eine Steuererklärung macht.

♂♂♂

Mir fehlt das Grundverständnis dafür, warum Großverdiener so wenig und ich armes Würstchen so viel Steuern bezahlen soll.

♂♂♂

Ich will erst noch die angekündigte Steuerreform der Regierung abwarten.

Warum die Steuererklärung noch nicht fertig ist

Ich hatte die Steuererklärung an meine Frau delegiert und die war damit völlig überfordert.

♂♂♂

Ich wusste gar nicht, dass der Abgabetermin bereits war. Warum haben Sie mich denn nicht angeschrieben?

♂♂♂

Ich war beruflich drei Monate im Ausland; da ist die Steuererklärung leider liegengeblieben.

♂♂♂

Da muss ein Irrtum vorliegen, ich habe Ihnen die Steuerunterlagen längst geschickt.

♂♂♂

Sorry, ich hatte mir den Arm gebrochen und konnte die Formulare deshalb nicht ausfüllen.

♂♂♂

Ich kann die Schrift auf dem Formular nicht lesen, sie ist viel zu klein.

Warum ich den TÜV-Termin versäumt habe

Die Plakette war die ganze Zeit auf dem Auto. Die muss mir einer meiner Feinde heruntergekratzt haben.

♂♂♂

Die Plakette ist nicht am Auto? Ich komme gerade aus der Waschstraße, da muss sie verlorengegangen sein.

♂♂♂

Das Datum ist abgelaufen? Die Marke ist aber auch so klein, da kann ich mit meinen schlechten Augen gar nicht lesen, was draufsteht.

♂♂♂

Und ich dachte, der Aufkleber wäre irgendeine Werbung. Und jetzt kommen Sie und sagen, ich hätte den TÜV-Termin versäumt?

♂♂♂

Kein Grund zur Aufregung! Ich bin auf dem Weg zum Auto-Schrottplatz. Da brauche ich ja nicht auch noch für teures Geld den TÜV zu machen, oder?

Warum ich nicht zur Bundeswehr will

Lieber einen Bund fürs Leben
als ein Leben für den Bund!

♂♂♂

Die Bundeswehr wurde schon in der Bibel erwähnt: „...
und sie hüllten sich in seltsame Gewänder
und irrten ziellos umher ..."

♂♂♂

Lieber fünf Minuten feige, als ein Leben lang tot!

♂♂♂

Lieber eine schmutzige Unterhose
als eine saubere Uniform!

♂♂♂

Lieber arm und gesund als reich beim Bund.

♂♂♂

Lieber an einer Quelle sitzen,
als an einer Mündung stehen.

♂♂♂

Stell dir vor, es gibt Krieg und keiner geht hin!

Warum ich nicht zur Bundeswehr will

Lieber im Heu gelegen als ins Gras gebissen.

♂♂♂

Ehe du für dein Vaterland sterben willst,
sieh dir's erst mal genauer an.
(Arno Schmidt)

♂♂♂

Den letzten Intelligenztest müssen die Menschen noch bestehen, nämlich sich miteinander zu vertragen.
(Heinz Haber)

♂♂♂

Sei reizend zu deinen Feinden, nichts ärgert sie mehr.
(Carl Orff)

♂♂♂

Den ungerechtesten Frieden finde ich immer noch besser als den gerechtesten Krieg.
(Cicero)

♂♂♂

Es ist so natürlich zu töten. Warum müssen Männer darin noch ausgebildet werden?
(Joan Baez)

Warum ich nicht zur Bundeswehr will

Jeder Krieg ist eine Niederlage
des menschlichen Geistes.
(Henry Miller)

♂♂♂

Ich werde ja schon depressiv,
wenn ich einen Kriegsfilm sehe.

♂♂♂

Die Bundeswehr ist was für Machos!

♂♂♂

Meine Mutter sagt schon ewig, ich sei zu nichts nutze.
Und dann soll ich für die Bundeswehr tauglich sein?

♂♂♂

Ich fürchte, bei der Bundeswehr
homoerotische Neigungen zu entwickeln.

♂♂♂

Ich bin allergisch gegen Uniformen.
Von dem harten Stoff bekomme ich Ausschlag.

♂♂♂

Besser Jägermeister als Düsenjäger!

Warum ich nicht zur Bundeswehr will

Ich bremse für Tiere; warum sollte ich dann auf Menschen schießen?

♂♂♂

Ich habe doch kein Abitur mit Numerus clausus gemacht, um beim Bund zu verblöden!

♂♂♂

Ich habe jahrelang auf einen Studienplatz (Ausbildungsplatz) gewartet und jetzt habe ich ihn endlich. Den gebe ich jetzt auf keinen Fall auf!

♂♂♂

Ich bin ein Mann, das muss ich nicht erst noch unter Beweis stellen.

♂♂♂

Nur wenn die Bezahlung stimmt, gehe ich hin!

♂♂♂

Mit einer Kurzhaarfrisur sehe ich beschissen aus.

♂♂♂

Ich habe definitiv keine Lust, für diese unfähige Regierung meine Birne hinzuhalten.

Warum ich nicht zur Bundeswehr will

Ich bin antiautoritär und pazifistisch erzogen.
Vor Vorgesetzten kusche ich schon mal gar nicht
und ich schieße auch nicht auf Menschen.
Da sind die Konflikte schon vorprogrammiert.

♂♂♂

Unter Generalsmützen ist oft ein inoperables Vakuum.
(Dieter Hildebrandt)

♂♂♂

Ich bin zu sensibel. Ich würde ja nicht
einmal die Grundausbildung überstehen
ohne einen irreparablen seelischen Schaden.

♂♂♂

In meiner Lebensplanung ist
der Wehrdienst nicht vorgesehen.

♂♂♂

Ich bin streng gläubig und in der Bibel steht:
„Liebe deinen Nächsten!"

♂♂♂

Ich will nicht in Ländern kämpfen,
in die ich nicht mal im Urlaub hinfahren würde!

Warum ich falsch geparkt habe

Ich habe mich aus reiner Rücksicht auf den Bürgersteig gestellt, weil ich den Verkehr nicht aufhalten wollte.

♂♂♂

Ich musste meine Tochter zum Notarzt bringen. Das ist doch wohl Grund genug, um einen Moment in der zweiten Reihe zu halten.

♂♂♂

Zum Entladen darf man doch kurz mal im Halteverbot stehen, oder? Ich habe nur schnell meinen Aschenbecher in den Papierkorb geleert.

♂♂♂

Ich parke hier nicht, ich war nur kurz in dem Laden da drüben und habe gefragt, wo der nächste Parkplatz ist.

♂♂♂

Ich bestehe auf dem Gewohnheitsrecht!
Seit ich denken kann, parke ich schon hier.

♂♂♂

Den Parkschein muss mir jemand
durch das offene Fenster geklaut haben!

Warum ich falsch geparkt habe

Ich parke nicht, das ist ein Zwangsaufenthalt. Mir ist das Benzin ausgegangen und ich habe den Wagen hierhergerollt, um den Verkehr nicht zu behindern.

♂♂♂

Als ich mein Auto abgestellt habe, stand hier noch kein Parkverbot-Schild.

♂♂♂

Wieso soll ich eine Einfahrt blockiert haben? Das hier ist ganz eindeutig eine Ausfahrt, steht ja auch auf dem Schild!

♂♂♂

Als ich einen Parkschein ziehen wollte, funktionierte der Parkscheinautomat nicht.

♂♂♂

Ich bin Legastheniker, deshalb habe ich wohl die Parkscheibe nicht richtig eingestellt. Und Sie werden mir doch meine Behinderung nicht zum Vorwurf machen!

♂♂♂

Das Auto parkt nicht, es fährt nicht mehr!

Warum ich zu schnell gefahren bin

Meine Sonnenbrille hat so dunkle Gläser, da konnte ich die Zahlen auf dem Tacho nicht erkennen.

♂♂♂

Ich habe plötzlich die Panik bekommen und bin so schnell gefahren, um vor meinem Zustand zu fliehen.

♂♂♂

Der Zeiger in meinem Tacho ist stehengeblieben.

♂♂♂

Mir fiel mitten in der Fahrt ein, dass ich vergessen habe, meinen Computer im Büro auszuschalten. Da bin ich schnell zurückgefahren, damit die Kollegen nicht in meinen Unterlagen rumschnüffeln.

♂♂♂

Ich fahre normalerweise einen Smart. Ich bin dieses fremde, schnelle Auto nicht gewohnt.

♂♂♂

Ich trainiere für die Rallye Monte Carlo!

Warum ich zu schnell gefahren bin

Ich hatte plötzlich die Vorstellung, ich säße in einem Ferrari. Da musste ich den Wagen einfach mal ausfahren. Das hätten Sie auch getan!

♂♂♂

Meine Frau will mich verlassen. Ich wollte so schnell wie möglich zu Hause sein, um ihr beim Packen zu helfen.

♂♂♂

Irgendwo muss ich meine Komplexe, Sexualnöte und den Stress abreagieren. Oder wollen Sie, dass ich das alles an meiner Frau auslasse?

♂♂♂

Was, ich soll zu schnell gefahren sein?
Ich habe mich lediglich der Geschwindigkeit meines Vordermannes angepasst.

♂♂♂

Ich denke, der Verkehr soll fließend sein? Ich fahre doch nur so zügig, um niemanden zu behindern!

♂♂♂

Ich war nicht zu schnell! Die Blitzanlage ist kaputt, die blitzt ja schon, wenn man mit 50 km/h fährt!

Warum ich zu schnell gefahren bin

Ich soll 180 gefahren sein? Völlig unmöglich, das schafft meine alte Schüssel doch gar nicht mehr!

♂♂♂

Plötzlich klemmte mein Gaspedal. Ich habe alles versucht, aber ich konnte nichts dagegen tun.

♂♂♂

Die Geschwindigkeitsbegrenzung habe ich gesehen, aber ich dachte, die gilt nur für LKW.

♂♂♂

Hier war eine Geschwindigkeitsbegrenzung? Wenn das so ist, dann kann man sie im Vorbeirauschen nicht lesen!

♂♂♂

Ich leide unter Magnesiummangel. Als ich meinen Fuß auf das Gaspedal setzte, bekam ich einen Wadenkrampf.

♂♂♂

Ich habe das Martinshorn gehört und bin losgerast, um der Polizei freie Bahn zu verschaffen. Und für diese gute Tat soll ich jetzt bestraft werden?

Warum ich zu schnell gefahren bin

Ich wurde von meiner eifersüchtigen Ehefrau verfolgt.

♂♂♂

Ich musste so schnell fahren,
ich wurde von einem Raser verfolgt!

♂♂♂

Ich muss mich beeilen,
meine Frau liegt in der Klinik
und bekommt ein Kind!

♂♂♂

Ich hab es eilig! Ich heirate heute
und bin schon zehn Minuten zu spät!

♂♂♂

Sie haben mich letzte Woche in Karlsruhe geblitzt?
Das kann nicht sein, da war ich überhaupt nicht.
Das muss mein Doppelgänger gewesen sein!

♂♂♂

Der Autoverkäufer hat zu mir gesagt,
dass ich den Wagen mit speed einfahren muss.

Warum ich bei Rot die Ampel überfahren habe

Ich halte nicht vor Rot,
ich bin doch kein Kommunist!

♂♂♂

Die Ampel war nicht rot,
das war ganz klar ein Blutorange!

♂♂♂

Der vor mir fahrende Wagen
ist doch auch durchgefahren!

♂♂♂

Das Sonnenlicht war so grell, da konnte man überhaupt nicht erkennen, ob es nun Rot oder Grün ist.

♂♂♂

Dass ich bei Rot durchgefahren sein soll,
müssen Sie mir erst einmal beweisen!

♂♂♂

Ich fahre nie bei Rot durch. Warum soll ich denn das ausgerechnet jetzt getan haben?

Warum ich bei Rot die Ampel überfahren habe

Vor mir fuhr ein Bus über die Ampel. Der war so breit, da konnte ich die Ampelanlage doch überhaupt nicht sehen.

♂♂♂

Ich hatte so einen starken Rückenwind, da war es mir nicht möglich, vor der Ampel zu bremsen, ohne mich und andere zu gefährden.

♂♂♂

Meine Bremsbeläge sind nicht in Ordnung und müssen geschont werden. Da kann ich nicht an jeder Ampel anhalten.

♂♂♂

Ich bin farbenblind. Den Unterschied zwischen Rot und Grün nehme ich nicht wahr.

♂♂♂

Ich fahre diese Strecke schon seit zehn Jahren zweimal täglich. Hier stand noch nie eine Ampelanlage.

♂♂♂

Der neben mir hat Gas gegeben, blieb aber stehen, und ich bin drauf reingefallen und losgefahren.

Warum ich keine Anhalter mitnehme

Wenn eine tolle Frau bei mir einsteigt, muss ich mich zu sehr beherrschen, um nicht mit ihr zu flirten. Und vor lauter Beherrschung habe ich das Auto dann nicht mehr unter Kontrolle.

♂♂♂

Ich hasse diese nervösen Beifahrer, die jedes Mal zusammenzucken, wenn man mal richtig Gas gibt.

♂♂♂

Ich bin schüchtern und mag es nicht, wenn mich jemand anspricht.

♂♂♂

Ich lasse mir nicht gerne von anderen Leuten vorschreiben, wie und wohin ich zu fahren habe.

♂♂♂

Die meisten Anhalter schlafen während der Fahrt ein. Das wirkt so ansteckend auf mich.

♂♂♂

Ich habe Probleme damit, stundenlang mit einem fremden Menschen auf engsten Raum zusammenzusein und mich dann auch noch die ganze Zeit über belangloses Zeug zu unterhalten.

Warum ich keine Anhalter mitnehme

Ich habe keine Lust, stundenlang mit meinen Fremdsprachenkenntnissen zu brillieren!

♂♂♂

Die letzte Anhalterin, die ich mitgenommen habe, hat ihren BH in meinem Auto liegen lassen. Seitdem hat mir meine Frau verboten, jemals wieder Anhalter mitzunehmen.

♂♂♂

Die Frauen sind heute so selbstbewusst und sexbesessen, dass ich Angst habe, dass mir so eine an die Wäsche will.

♂♂♂

Warum soll ich mir die Verantwortung für einen wildfremden Menschen aufhalsen?

♂♂♂

Also, manche Leute an der Straße sehen so bedrohlich aus, dass selbst ich als gestandener Mann Angst vor denen habe.

♂♂♂

Der letzte Anhalter hat mir mein Auto vollgekrümelt, das hat mir gereicht!

Warum ich mit Alkohol im Blut am Steuer sitze

Ich habe heute überhaupt nichts getrunken, sondern gestern. Meine Leber baut Alkohol nur sehr langsam ab.

♂♂♂

Ich hatte alkoholfreies Bier bestellt. Wenn ich jetzt Alkohol im Blut habe, dann ist der Wirt schuld, denn der hat mir ja schließlich nicht das richtige Getränk gegeben.

♂♂♂

Ich bin beruflich und privat am Ende und stand heute vor der Wahl, meinen Kummer in Alkohol zu ertränken oder mich an den nächsten Baum zu fahren. Was hätten Sie an meiner Stelle getan?

♂♂♂

Ich bin anonymer Alkoholiker. Wenn Sie mich jetzt in das Röhrchen blasen lassen, ist meine Anonymität futsch! Bitte tun Sie mir das nicht an!

♂♂♂

Ich habe gehofft, meinen Kummer im Alkohol ertränken zu können. Aber ich bin ihn nicht losgeworden – ich habe nicht bedacht, dass Alkohol konserviert!

Warum ich mit Alkohol im Blut am Steuer sitze

Ich komme gerade von einer Weinprobe.
Da wurde ich förmlich gezwungen, Wein zu trinken.

♂♂♂

Ich war felsenfest davon überzeugt, dass Wasser in meinem Glas wäre. Da muss mir irgend so ein Witzbold Wodka reingekippt haben!

♂♂♂

Ich muss heute Nacht in meiner Schlaftrunkenheit Alkohol statt Wasser getrunken haben, deshalb habe ich heute Morgen Alkohol im Blut. Da kann ich nun wirklich nichts dafür.

♂♂♂

Natürlich bin ich in Schlangenlinien gefahren – oder hätte ich die unschuldigen, weißen Mäuschen plattfahren sollen?

♂♂♂

Ich habe nur ein kleines Bierchen getrunken, deshalb lasse ich doch meine Frau nicht ans Steuer, ich bin doch nicht lebensmüde!

Warum ich meinen Führerschein nicht dabeihabe

Sie wollen meinen Führerschein? Der liegt doch schon seit Monaten auf Ihrer Dienststelle!

♂♂♂

Wozu brauche ich einen Führerschein? Ich besitze doch gar kein Auto, das hier ist ein Leihwagen!

♂♂♂

Meinen Führerschein? Den habe ich zu Hause liegen.

♂♂♂

Meine Papiere? Die habe ich nicht dabei. Aber ich kann Ihnen den Führerschein meiner Mutter zeigen.

♂♂♂

Ich finde meinen Führerschein jetzt nicht auf die Schnelle. Aber ich weiß, was drinsteht und kann Ihnen gerne sagen, was Sie wissen wollen.

♂♂♂

Ich habe noch keinen Führerschein, ich nehme eine Fahrstunde. Heute erstmals ohne den Fahrlehrer!

Warum ich einen Unfall hatte

Der Rückspiegel war angelaufen.
Ich konnte nichts mehr sehen.

♂♂♂

Ich hatte eine Wespe im Auto. Als ich um mich schlug, habe ich die Kontrolle über das Steuer verloren.

♂♂♂

Ich habe nichts davon gemerkt, dass ich ein anderes Auto gerammt haben soll. Das kann ja nur ein winziger Kleinwagen gewesen sein.

♂♂♂

Plötzlich war es draußen so dunstig, dass ich die Hand nicht mehr vor Augen sehen konnte.

♂♂♂

Ich musste so heftig niesen, dass ich die Bremslichter vor mir nicht gesehen habe.

♂♂♂

Meine Bremsen haben versagt und dann war da plötzlich der Laternenpfahl.

Warum ich einen Unfall hatte

Mein Warndreieck hat mich nicht gewarnt!

♂♂♂

Das Vorfahrtbeachten-Schild war so von den Büschen überwuchert, dass ich es nicht sehen konnte und schon ist mir einer in die Seite gefahren.

♂♂♂

Als ich rückwärts ausparken wollte, stand da plötzlich ein riesiger Pflanztrog. Ich schwöre dir, der war vorher nicht da.

♂♂♂

Meine Tierliebe ruiniert mich noch! Ich bin einer Katze ausgewichen und prompt in ein entgegenkommendes Auto gekracht.

♂♂♂

Vor mir fuhr ein Betrunkener in Schlangenlinien. Als ich ihn überholen wollte, ist er mir mit seinem Wagen in die Seite getorkelt.

♂♂♂

Der starke Regen hat mich auf die andere Fahrbahn geschwemmt.

Witzig, witzig ...

Müller fährt mit seinem Wagen zum x-ten Mal um den Häuserblock, findet aber keinen Parkplatz. Da schimpft seine Frau: „Das ist wieder einmal typisch für dich! Die anderen haben alle einen Parkplatz gefunden, nur du findest wieder keinen!"

☺☺☺

Weber schiebt wieder einmal sein Auto. Wütend brummt er: „In einem hatte der Verkäufer ja recht – die Kiste verbraucht tatsächlich kaum Benzin!"

☺☺☺

Der Chef einer Werkstatt zum Azubi: „So, mein Junge, und nun wollen wir noch einmal das Kopfschütteln nach dem Öffnen der Motorhaube und den entsetzten Ausruf ›oh je, oh je!‹ üben ..."

☺☺☺

Fragt die Gattin abends ihren Mann: „Soll ich dir von meiner ersten Fahrt mit deinem neuen Auto erzählen, oder willst du es lieber morgen in der Zeitung lesen?"

☺☺☺

Der Kunde zum Gebrauchtwagenhändler: „Am liebsten wäre mir ein Wagen, der so gut fährt, wie Sie reden."

Witzig, witzig ...

Müller hat mit seinem Auto fast einen Fußgänger gestreift. Er hält an, öffnet die Tür und brüllt: „Mann, passen Sie beim nächsten Mal besser auf!" Darauf der Fußgänger, ganz ängstlich: „Wieso, kommen Sie noch mal vorbei?"

☺☺☺

„Halt!", ruft der Polizist, „das ist eine Einbahnstraße. Da können Sie nur in eine Richtung fahren!" Antwortet der Fahrer: „Bin ich vielleicht in zwei Richtungen unterwegs?"

☺☺☺

Der Ehemann: „Evi, hast du den Wagen in die Garage gefahren?" „Nicht ganz", antwortet sie, „aber die wichtigsten Teile."

☺☺☺

„Was ist der Unterschied zwischen einer Warteschlange und einer Autoschlange?" „Bei der Warteschlange ist das Arschloch hinten, bei einer Autoschlange vorn."

☺☺☺

„Nanu, Paul, heute nüchtern und ohne Auto?" „Ja, tut gut, sich mal etwas Bewegung zu verschaffen." „Aha, und wann ist die Verhandlung?"

Witzig, witzig ...

Peter wird von einer Polizeistreife gestoppt: „Wir haben Sie soeben bei einer Geschwindigkeitsüberschreitung fotografiert!" „Herzlichen Dank", freut sich Peter, „wenn die Aufnahme gelungen ist, hätte ich gerne sechs Abzüge."

☺☺☺

„Was ist denn nun mit meinem Auto?", fragt der besorgte Kunde den Meister. Meint dieser kopfschüttelnd: „Ja, ich will es mal so ausdrücken, wenn Ihr Auto ein Pferd wäre, müsste man es erschießen."

☺☺☺

Der Verkehrspolizist läutet an der Wohnungstür. „Wohnt hier die Witwe Gabriele Mering?" „Ja, ich heiße Gabriele Mering, aber ich bin keine Witwe!" „Wetten, dass ..."

☺☺☺

Zwei Autos stoßen zusammen. Steigt der eine Fahrer aus und sagt zum anderen: „Auf den Schreck müssen wir was trinken." Er gibt dem anderen die Flasche, der trinkt und fragt dann: „Warum trinken Sie nichts?" „Ich warte bis nach der Blutprobe!"